한국의 전통과자

한국의 전통과자

김규흔 지음

MiD

한국의 전통과자

초판 1쇄 발행　2015년 2월 4일
초판 5쇄 발행　2025년 7월 4일

지 은 이　김규흔
펴 낸 곳　(주)엠아이디미디어
펴 낸 이　최종현
총　　괄　박동준
편 집 장　최재천
기　　획　김경미
구　　성　이경선
본문편집　김선예 | 박은진

주　　소　서울특별시 마포구 신촌로 162, 1202호
전　　화　(02) 704-3448
팩　　스　(02) 6351-3448
이 메 일　mid@bookmid.com
홈페이지　www.bookmid.com
등　　록　제313-2011-250호 (구: 제2010-167호)

I S B N　979-11-85104-16-4 03900

책 값은 표지 뒤쪽에 있습니다. 파본은 바꾸어 드립니다.

인사의 말씀

한과명인·명장 김규흔입니다

    국가지정 한과명인이자 대한민국 한과명장 1호(약과분야)인 김규흔입니다. 명인과 명장이라는 과분한 칭호를 받고 있지만 사실 그저 과거에도 한과를 만들었고 미래에도 한과를 만들 사람일 뿐입니다.

    생각해보면 제가 걸어온 인생의 길은 협소하고 걸음은 달팽이처럼 더뎠습니다. 운명처럼 시작된 한과와의 만남이 길이 되었고, 오직 그 길만이 전부인 양 다른 갈림길은 보지 못한 채 우직하게 걸어오다 보니 어느새 34년이란 시간이 흘렀습니다.

    느려도 성실했던 걸음에 시간이 쌓이다 보니 조그맣게 시작했던 한과공장은 이제 제법 큰 회사로 자리 잡았고, 명인과 명장이라는 칭호도 얻었으니 생각해보면 저는 참 복 많은 사람입니다. 좋아서 한 일이라 중도에 포기하지 않을 수 있었고, 포기하지 않으니 그 일로 명성도 얻을 수 있었습니다. 평생직장이란 개념이 사라지고 있는 요즘 저처럼 적성에 맞는 일을 하며 평생 한 가지 일에 매달릴 수 있는 행운은 흔치 않을 것입니다. 감사할 따름입니다.

한과로 인해 복을 받았으니 한과를 널리 알림으로 보답을 해야 한다는 것이 제 생각입니다. 그 보답의 길은 멀리 있지 않지만 결코 쉬운 길은 아닙니다. 그러나 이 길을 꾸준히 가다보면 성과가 있으리라 믿고 있습니다.

돌이켜보면 제가 걸어왔던 한과의 길은 좁고 험난했습니다. 한과에 대한 지식이 전무한 상태에서 시작한 길이기 때문에 그랬고, 한과를 작정하고 배우려 해도 제대로 가르쳐 주는 사람이 없어 하나하나 발로 뛰어 배워야 했고, 한과란 것이 시장통에서 거래되는 제수용품 정도로만 치부되고 있었기에 고충이 이만저만이 아니었습니다. 한과를 만드는 후배들에게 그 길보다는 넓고 조금이나마 편한 길을 걷게 하고 싶습니다. 그리하여 한과를 접하려는 사람들, 한과를 만들려는 사람들이 보다 많아지고, 저보다는 쉽게 한과를 만드는 일에 동참할 수 있도록 넓은 길을 내고자 합니다.

대중에게서 멀어진 우리의 전통한과를 다시 대중과 일상 속에서 호흡할 수 있도록 불러오는 일도 중요합니다. 그러기 위해서는 무엇보다 우리 아이들의 손에 한과를 쥐어주어야 합니다. 세 살 입맛이 평생을 가기 때문입니다.

또, 전통한과의 맥을 이으면서 동시에 새로운 한과의 개발, 한과의 기계화, 한과의 과학화, 한과의 브랜드화 등으로 전통한과를 발전시키는 일, 그리하여 전통한과가 세계로 뻗어나갈 수 있도록 일조하는 일 등이 앞으로 제가 걸어가야 할 한과의 또 다른 길인 것 같습니다.

그 길들을 만들어 가기 위해 첫 삽으로 저는 몇 년 전 모두가 불가능할거라 얘기했던 한과문화박물관이자 교육관의 역할을 하는 '한가

| 한과문화박물관 한가원 조감도

원'을 세웠습니다. 이곳에서는 저와 같은 길을 가고자 하는 사람들, 한과를 배우고 만들고자 하는 사람들의 교육이 이루어지고 있습니다. 또한 우리 아이들이 대한민국의 전통한과를 지식으로만 습득하는 것이 아니라 직접 만들어보고, 먹어보는 체험을 할 수 있도록 하는 경험의 장이 되고 있습니다.

이 체험학습을 통해 '맛있다', '예쁘다'를 외치는 아이들을 보며 저는 희망을 발견합니다. 이 아이들은 한과를 낯설어하지 않고 앞으로도 찾아 주리라 생각하기 때문입니다. 그래서 저는 한과를 먹어본 아이들보다 먹어보지 않은 아이들이 많은 요즘, 보다 많은 아이들이 한과를 먹어볼 수 있는 기회를 제공하는 한가원을 꾸준히 만들어 나갈 생각입니다. 이 노력이 언젠가는 점점 잊혀져가고 있는, 옛날 음식으로만 치부되는 한과를 다시 현재에서 우리와 공존하는 음식으로 되돌릴 거라 믿고 있습니다.

한과를 세계에 알리기 위해 꾸준히 해외에서 열리는 음식페스티벌 등에 참여하고 대사관 등 세계 각국의 초청에 응해 한과를 시연해 보이는 일도 중요합니다. 꾸준히 해오고 있는 일이지만 앞으로도 한과를 알릴 기회만 있다면 어디든지 달려갈 것이며, 나아가 우리나라 문화원 등과 협력하여 한과를 해외에 소개할 기회를 더욱 많이 만들고자 합니다.

이 모든 것은 개인적인 꿈이자 한과명인, 한과명장으로서 주어진 사명이기도 합니다. 그리고 이제 한과의 발전, 한과를 위한 넓은 길을 내기 위해 또 한 삽을 퍼올리려 합니다.

사람들에게 맛과 멋이 살아있는 한과를 알리고자 하는 한 삽입니다. 그러한 목적으로 우리 한과를 보다 쉽게 배우고, 친숙해질 수 있도록 이 책을 준비합니다.

한과밖에 모르고 한과 만드는 일만 잘 하는 모자란 사람이지만 그래도 한과에 대해서만은 이야기할 것이 꽤 많은 김규흔이 전하는 한과 이야기입니다. 한과에 대한 일반적인 지식은 물론 한과와 동행하면서 있었던 일, 오랜 세월 한과를 만들며 체득한 노하우까지 적절하게 버무려 재미있게 읽으실 수 있도록 노력했습니다. 부디 우리 국민들의 한과에 대한 관심을 높이고, 한과를 배우려는 이들에게는 조금이나마 도움을 제공하며 나아가 한과가 우리나라는 물론 세계에서 대중화 되는데 작은 티끌 같은 불씨라도 되기를 바라는 마음입니다.

　저의 한과에 대한 자부심에는 근거가 있습니다. 그 근거를 여러분들도 보시고, 공감하여 저의 꿈 중 하나인 한과의 유네스코 세계유산 등재의 꿈에 동참해 주신다면 얼마나 기쁜 일일까요. 생각만으로도 벅찬 마음으로 이 책을 손에 쥐신 여러분들에게 먼저 감사의 인사를 전합니다.

　한과에 대해 알고자 책을 펼쳐 드신 여러분, 한과명인·한과명장 김규흔 진심으로 고개 숙여 감사드립니다. 여러분의 관심과 응원을 받아 한과의 발전과 세계화를 위해 더욱 성심과 열정으로 노력하는 김규흔이 되겠습니다.

Preface

Korean Traditional Sweets (Hangwa) A Devotion

People say that the slow but steady wins the race – my steps were those of a tortoise. I started my career at a small hangwa factory. There were times when I stumbled, fell, and was let down. However, my belief in hangwa, the passion I have in it, never allowed me to wander around. I took my steps slowly but firmly; and now I am here, hoping for a global acknowledgement of hangwa: designation of hangwa as a UNESCO World Heritage food.

In the book I have tried to put everything I know about hangwa. This book will include some history of hangwa, its recipes and ingredients, and the tools to make hangwa. I hope my knowledge and skills can help the readers. I dream of that one day Korean hangwa is as valued and widespread as French macaron or Japanese wagashi all around the world. This book is my statement to popularizing hangwa. Better understanding of hangwa will lead the way to its popularization.

I believe that World lights those ways of the people who know which way to take. The World has taken me out of a foggy forest to a wide pasture, and it sometimes led me from a steep hill to an expressway. I am thankful to the World that it has allowed me to walk on my trail – I hope to continue my journey as long as the World allows me to. And one day, I hope to see hangwa on the table of diverse countries.

목차

인사의 말씀 • 한과명인·명장 김규흔입니다	5
Preface • Korean Traditional Sweets (Hangwa) A Devotion	11
들어가기 전에 • 나는 한과의 유네스코 세계유산 등재를 꿈꾼다	17

제 1 장
이야기가 있는 한과
Hangwa-the History

과자는 어떻게 탄생했나	28
한과 최초의 기록, 김유신과 미과	31
불교와 한과	33
고려시대의 인기과자, 유밀과	36
조선시대 한과의 다양성	38
일 년 내내 한과	42
삶과 동행하는 한과의 모습	47
지방색을 입은 한과	50
세계의 과자 산책 • 프랑스의 대표적 거품과자 마카롱	55

제 2 장
한과의 자연재료 이야기
Hangwa – the Main Ingredients

한과의 재료들을 알아보기 전에	64
한과에 사용되는 주요 곡류 재료들	66
한과에 사용되는 주요 씨앗 재료들	72
한과에 사용되는 주요 콩류 재료들	78
한과에 사용되는 주요 견과류 재료들	82
한과에 사용되는 주요 과실류 재료들	87
한과에 사용되는 주요 채소류 재료들	94
세계의 과자 산책 • 중국의 대표 전통과자 월병	101

제 3 장
한과의 색, 향, 맛, 재료 이야기
Hangwa – the Sub-ingredients

한과의 색, 향, 맛, 재료 이야기를 하기 전에	109
한과의 색을 내는 자연 재료들	113
한과의 향을 내는 자연 재료들	123
한과의 단맛을 내는 자연재료들	127
세계의 과자 산책 • 일본의 화려함을 품은 전통과자 와가시	133

제 4 장
만드는 방법에 따라 달라지는 한과의 종류
Hangwa – the Branches

무궁무진 한과의 종류	141
고품격 한과 유밀과	143
한과의 꽃, 유과	149

예술과 예禮를 담은 건강한 한과, 다식	154
과일로 만든 한과, 숙실과	158
젤리와 비슷한 색 고운 한과, 과편	161
투명한 아름다움을 간직한 한과, 정과	164
건강하게 단단한 한과, 엿강정	168
세계의 과자 산책 • 과자와 케이크 사이, 미국의 생과자 브라우니	173

제 5 장
한과 만들기의 기초지식
Hangwa - the Basics

한과 만들기의 기초 지식에 대하여	186
약과를 만드는 중요 과정	187
유과를 만드는 중요 과정	192
정과를 만드는 중요 과정	198
한과를 만들 때 쓰는 계량도구들	202
한과의 재료를 다루는 도구들	204
한과의 재료를 익히는 도구들	209
한과의 모양을 내는 도구들	212
한과를 담는 도구와 그릇들	219
세계의 과자 산책 • 망치로 부숴먹는 독일의 과자 슈니발렌	223

제 6 장
김규흔의 한과 레시피
Hangwa - the Recipe

한과 레시피에 앞서	235
한과 만들기의 기본, 유밀과	238
유밀과 만들기	244

유과 만들기	258
다식 만들기	261
정과 만들기	264
숙실과 만들기	267
과편 만들기	269
엿강정 만들기	270

세계의 과자 산책

이름은 후추과자, 그러나 진실은 생강과자 스웨덴의 페파카코르	275

제 7 장
김규흔의 작품들
Hangwa – Works of the Master

일월오봉도	285
십장생	285
청마	286
만찬	287
연꽃	291
사람이 재산	293
초콜릿 한과의 개발	296
보기 좋은 떡이 먹기도 좋다	300
한과의 고급화	305
한가원 이야기	307

나오며 • 과자와 한과에 대해 당신에게 던지는 질문	313
김규흔의 한과와의 동행 • 김규흔의 수식어는 '최초'	317
참고도서	319

들어가기 전에
나는 한과의 유네스코 세계유산 등재를 꿈꾼다

축구는 박지성, 한과는 김규흔

    2002년 월드컵 4강 신화의 주역이자 대한민국 최초의 프리미어리그 축구선수였던 박지성 선수가 은퇴를 했다. 대한민국 축구 역사에 한 획을 그은 박지성 선수는 대한민국 국민의 자랑이었으며, 앞으로도 '박지성'이란 이름은 국민들의 가슴 속에서 영원히 기억될 것이다.

    박지성 선수는 나 역시 좋아하는 축구선수다. 작은 체구라는 핸디캡을 이겨낸 그의 성실성과 끊임없는 노력은 34년간 갖은 풍파를 겪으며 한과에 매진해온 나의 삶을 떠올리게 만드는 면이 있다. 1981년생인 박지성 선수가 우리나라 나이로 34살에 은퇴한 2014년, 나 역시 한과인생 34년을 맞은 점이 공교롭다면 공교롭다. 박지성 선수에 비할 바는 어렵겠지만 세계적인 축구선수라는 인생의 한 장을 접고 이제 새로운 축구인생을 살아가게 될 그의 모습 위로 한과라는 분야에서만큼은 최고가 되려 노력했던 그동안의 한과인생을 돌아보며 한과에 대한 책을 쓰고 이를 계기로 한 단계 업그레이드 된 한과인생을 시작하리라 다짐한 내가 겹쳐 보인다.

은퇴한 박지성 선수에게 얼마 전 희소식이 전해졌다. 영국 프리미어리그의 세계적인 명문구단이자 박지성 선수가 활약했던 맨체스터 유나이티드 구단이 박지성 선수를 구단의 앰버서더로 선정했다는 것이다. 앰버서더는 구단이 공식적으로 인정하는 레전드 선수로 구단의 각종 공식행사에 맨체스터 유나이티드의 얼굴로 참여하게 되는 권한을 가진다. 지금까지 맨체스터 유나이티드의 앰버서더는 단 6명 뿐이었는데, 박지성 선수는 비유럽 국가 출신 선수로는 최초이자 구단 역사상 7번째 앰버서더가 되었다. 박지성의 이름 앞에 최초라는 수식어가 하나 더 붙은 것이다.

나 역시 한과에 있어서만큼은 최초라는 수식어를 많이 달고 있다. 한과의 최초 낱개포장, 천연성분 개발로 한과 최초 유통기한 연장, 최초 초코유과 개발, 최초 쌀약과 개발 특허, 기능성 한과 최초 개발 등이 그것이다. 그러나 가장 가치 있고 무거운 최초라는 타이틀은 따로 있다. 바로 '한과명장'이라는 칭호이다. 2013년 국가에서 국내 최초이자 유일한 '한과명장'으로 선정되었다. 2005년에 이미 '전통한과 제조기능 명인'에 지정되었지만 '한과명장'에 선정된 것은 내 인생에 있어 남다른 의미다. 요즘 젊은 친구들의 말로 한과의 '레전드'로 인정받은 것이니까.

한과명장의 사명

레전드에게는 레전드로서 할 일이 있다. 누가 시키지 않아도 해야만 할 일, 즉 사명 같은 것이다. 박지성 선수의 할 일은 한국축구의 발전이라고 생각한다. 듣기로 박지성 선수는 축구행정가가 되기 위한 공부를 위해 결혼 후 영국으로 유학을 갔다고 한다. 축구지도자는 많지만 축구행정가는 전무하다시피 한 한국의 상황을 생각해 볼 때 몇 년 후 공부를 마치고 귀국할 박지성 선수는 분명 한국축구계의 커다란 재산이 되리라 믿어 의심치 않는다.

한과명장인 내게도 사명이 있다. 누가 강요한 적도 없고, 한과명장이 꼭 그 일을 해야 하는 것도 아니지만 한과의 발전과 한과의 대중화, 한과의 세계화를 사명으로 생각하고 있다. 아니, 사실은 한과명장이 되기 전부터 한과의 발전과 대중화, 세계화는 내가 반드시 해야 할 일이라고 굳게 결심하고 한순간도 이를 위해 노력하지 않은 적이 없다. 지금까지 개발한 수많은 한과와 자동화시스템 구축, 한과문화박물관 개관, 한과문화페스티벌 개최 등 모든 일들이 다 한과의 발전과 대중화, 세계화라는 맥락에서 이루어진 것이다.

그러나 한과의 발전에는 여러모로 성과가 있었지만 '한과의 대중화'의 결과들은 아직 만족스럽지 못하고 '한과의 세계화'는 출발점에 선 것이나 마찬가지이기에 노력해야 할 부분이 더 많다. 여기서부터 나의 고민은 깊어진다. 어떻게 '한과의 대중화와 세계화'를 실천할 것인가라는 방법론적 문제가 나를 붙들고 놓아주지 않는다.

한과의 대중화와 세계화를 위하여

'한과의 대중화와 세계화'란 명제를 앞에 두고 나는 고민 끝에 두 가지 우선순위를 두었다. 첫 번째는 한과의 '유네스코 세계유산 등재'이다. 잘 모르시는 분들은 한과가 어떻게 유네스코 세계유산에 등

재될 수 있느냐 반문하실 수도 있으나 가능성은 충분하다. 이미 프 랑스 음식과 우리나라 김치가 유네스코 세계무형문화유산으로 등재 되어 있기 때문이다.

유네스코가 프랑스 음식과 김치를 세계무형문화유산으로 등재한 이유는 단순하게 음식 그 자체 때문은 아니다. 알다시피 프랑스는 식 사시간이 매우 길기로 유명하다. 그 이유는 여러 가지가 있는데 우선 코스별로 차려지는 정찬 상차림이 복잡하고, 식사매너가 엄격하게 지켜지며, 식사 중 끊임없이 대화를 나누기 때문이다. 미식문화가 자 리 잡고 있어 음식들을 예술품처럼 즐기며 식사를 오감을 총 동원해 음미하며 천천히 하는 것도 원인이다. 프랑스인들에게 음식과 식사 란 공연관람이나 마찬가지인 것이다. 유네스코는 이러한 프랑스의 음식문화를 음식과 더불어 문화적 고유성이라고 보고 세계무형문화 유산으로 등재한 것이다.

김치도 마찬가지다. 유네스코는 김치를 담는 김장 문화에서 가족 및 이웃과 함께하고 나누는 우리의 오래된 전통을 높이 평가해 김치 와 김장문화를 묶어서 세계무형문화유산으로 등재했다.

나는 한과에 담긴 역사성과 문화, 이야기가 프랑스 음식문화나 김 치의 김장문화에 못지않다고 생각한다. 단지 잘 알려지지 않았을 뿐 이다. 따라서 한과의 역사성, 문화성, 우수성을 알려 유네스코 세계 문화유산에 등재시키려는 노력을 해야 한다고 생각하며, 이미 그 일 을 시작하였다. 이것이 성공하면 한과의 대중화와 세계화에 커다란 일조를 하게 될 것이다.

동시에 나는 한과를 국내 및 세계에 알릴 책도 준비하고 있다. 이

책이 그 첫 번째 준비다. 이 책을 통해 나는 그동안 내가 연구하고 공부한 한과에 대한 지식을 대한민국 국민들과 공유하고 싶다. 이를 통해 보다 많은 사람들이 우리나라 전통과자인 한과에 대해 애정을 갖길 원한다. 그 애정들이 모일 때 한과는 대중화 될 것이며 세계화는 보다 빨리 이루어질 것이 확실하다.

한과의 대중화, 세계화를 위한 내 간절한 마음이 여러분에게 닿길 바란다.

제 1 장

이야기가 있는 한과

Hangwa – the History

과자는 어떻게 탄생했나

한과 최초의 기록, 김유신과 미과

불교와 한과

고려시대의 인기과자, 유밀과

조선시대 한과의 다양성

일 년 내내 한과

삶과 동행하는 한과의 모습

지방색을 입은 한과

세계의 과자 산책

프랑스의 대표적 거품과자 마카롱

　한과를 만들기 시작한지 34년이 지났다. 그동안 수도 없이 많은 한과를 먹어보았다. 그중에는 내가 개발하여 세상에서 제일 처음 맛본 새로운 한과들도 있었다. 어쩌면 대한민국, 아니 전 세계를 통틀어 한과를 제일 많이 맛본 사람이 나일지도 모른다. 적어도 한과를 많이 먹어 본 사람 중 몇 손가락 안에는 분명히 들 것이다.

　이런 내가 제일 맛있게 먹은 한과는 내가 만든 한과도, 내가 개발한 한과도 아니다. 누가 만든 것인지도 모르고, 지금 내가 만들고 있는 한과와는 비교할 수도 없이 싼 재료로 어설프게 만들어진 어릴 때 먹었던 한과가 최고의 맛으로 기억된다.

　지금으로부터 한 50년 쯤 전, 초등학생이었던 나는 영덕 바닷가 근처의 60가구 정도가 모여 사는 작은 어촌 마을에 살았다. 먹을거리가 풍성하지 않은 시대도 시대였지만 자란 곳이 도시와는 한참을 떨어진 작고 가난한 어촌마을인지라 과자란 손쉽게 입에 넣을 수 있는 음식이 아니었다.

한과 역시 마찬가지였다. 한과는 초등학생이었던 내가 집안에 제사가 있거나 명절이 와야만 겨우 맛볼 수 있는 귀한 음식이었다. 먹을거리가 넘쳐나는 요즘에는 제사상이나 명절상 등에 한과를 잘 올리지 않지만 당시에는 거의 모든 집의 제사상과 잔칫상, 명절상에 빠지지 않고 한과가 올랐기에 가능한 일이었다.

지금 생각해보면 그리 대단한 한과도 아니었다. 시장통에서 산 약과 몇 개, 찹쌀로 만든 네모 모양의 넓적한 산자散子 몇 개, 빨간색을 비롯한 여러 가지 색깔의 아이 손바닥 만한 크기의 단단하고 동그란 옥춘 사탕이 전부였다.

그러나 무려 6명이나 되던 형제자매들에게 한과는 얼마나 군침 도는 먹을거리였는지 모른다. 특히 아무리 빨고 빨아도 줄어들지 않는 옥춘 사탕에는 자꾸만 눈이 가서 몰래 훔쳐 먹으려다 들켜 혼이 나기도 많이 났었다. 손에 침을 묻혀 상에 올려진 산자 끄트머리를 조금 떼어내 얼른 입에 다 넣고 아무 일도 없었다는 듯 시침을 떼기도 했다. 다문 입안에서 살살 녹는 달콤함에 어쩔 줄 모르면서도 말이다.

제사나 차례가 끝나고 가장 먼저 손을 뻗치는 것도 당연히 한과였다. 어른들은 그런 나와 형제자매들을 꾸짖으며 나란히 세워놓고 약과며 산자, 옥춘 사탕을 공평하게 하나씩 쥐어주곤 했다.

그러면 나는 아까워서 한꺼번에 먹지 못하고 한나절을 아껴가며 먹었다. 빨다가 손에 쥐고 있다 다시 빨기를 반복한 옥춘 사탕에 손때가 타도 더러운 줄 몰랐다. 잘 부스러지는 산자가 땅에 떨어지기라도 하면 얼른 주워 입에 넣었다.

나뿐만이 아니다. 그 시대의 아이들은 거의 비슷한 추억을 가지

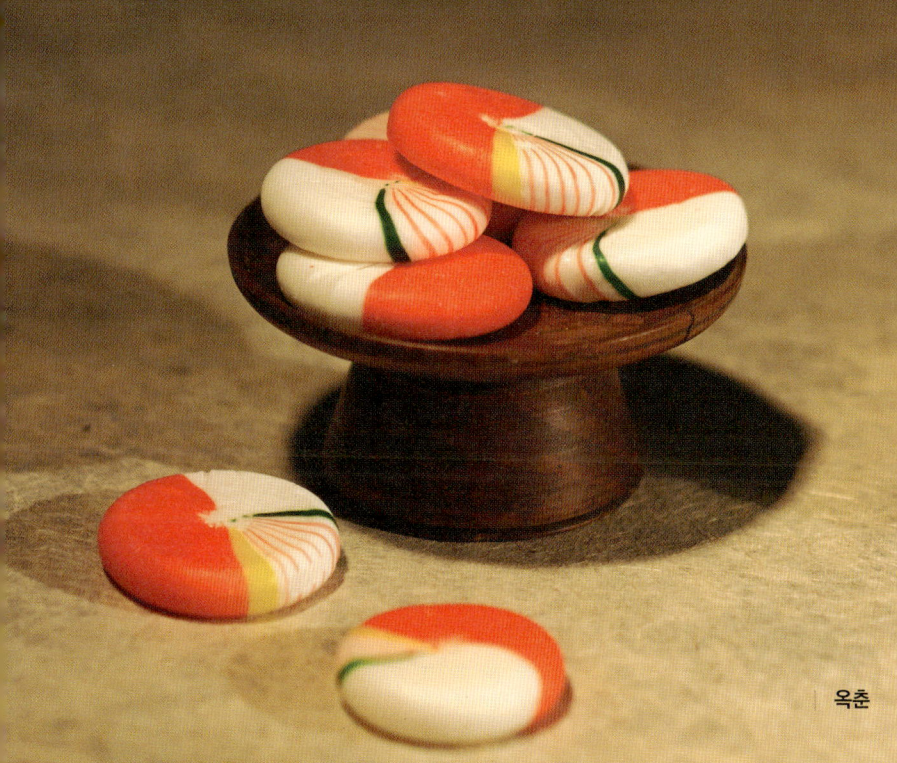

옥춘

고 있을 것이다. 그 시절의 한과에는 이런 추억이 깃들어 있어 아직도 각별한 맛으로 기억이 난다. 나쁘게 생각하면 가난의 맛일지도 모르지만 그보다는 음식의 귀중함이 살아있던 시대의 맛이라고 나는 생각한다.

요즘도 가끔 그 시절 한과의 맛을 떠올릴 때가 있다. 내가 만든 한과가 누군가에게 추억이 되고, 이야기가 담긴 음식이 되고, 음식의 소중함을 일깨우는 계기가 되길 바라며 말이다.

과자는 어떻게 탄생했나

한과는 우리나라 전통과자이다. 그러니 한과 이야기를 하기 전에 먼저 과자 이야기를 해보도록 하자. 과자는 어떻게 만들어졌으며, 인간은 언제부터 과자를 먹기 시작했을까?

먼저 과자의 탄생은 우연한 발견에 시초를 두고 있다고 짐작된다. 불에 음식을 익혀먹는 등 음식을 조리하고 가공하는 것을 몰랐던 고대의 사람들은 아마도 자연에서 수확한 과일이나 곡물 등을 생으로 먹었을 것이다. 이 와중에 어느 날 우연하게 먹다 남긴 과일이 건조된 것을 발견하게 되었고, 이를 맛보니 상하지도 않았고 단맛이 좋아 그 후로는 여분의 과일을 건조해 먹게 된 것이 과자의 처음 모습이라고 일반적으로 보고 있다. 단순히 생과일을 건조시켜 먹던 것이 후에는 꿀 등에 묻혀 먹거나 설탕에 조려 먹는 것으로 발전했을 것이다.

과일이 아닌 곡물로 만든 과자의 탄생시점은 BC 6000~4000년경

| **고대 이집트의 기록** 람세스 3세의 무덤에서 발견된 기원전 12세기의 궁중 베이커리 모습.

으로 발생지는 이집트로 추정된다. 이때의 과자는 그저 으깬 곡물을 납작하게 구워낸 것으로 그냥 먹기도 하고 과일이나 꿀에 찍어 먹었다. 신선식품의 보관이 여의치 않았던 시대였기 때문에 이때의 과자는 저장식품과 휴대식품의 기능을 했다. 곡물을 반죽하여 굽거나 건포도를 넣어 만든 과자가 고대 이집트에 있었다는 기록도 남아있다.

과자다운 과자는 그리스 시대에 나타나기 시작한다. 그리스인들은 곡물 가루에 꿀을 넣어 만든 과자를 만들었을 뿐 아니라 향료를 가미하기도 했다. 이어 현대적인 과자의 시작이라고 할 수 있는 밀가루를 이용한 과자는 제분기술이 발달한 로마시대에 등장했다. 로마시대에는 빵과 과자업자들의 길드guild가 조직되었을 뿐 아니라 밀가루, 꿀, 치즈, 계란 등을 이용한 과자와 과일이나 치즈를 넣어 만든 과자, 튀김과자 등도 만들어졌다.

동양의 경우 불교의 발전과 과자의 발전은 상당히 밀접한 관련이 있다. 인도에서 탄생한 불교가 유입된 중국에서는 당나라 시절 더운 날씨 탓에 과일이 상해 불전에 공양할 수 없을 때 곡물에 설탕과 향료 등을 섞어 과일 모양을 만들어 올렸는데 이를 당과자唐菓子라 했다. 당나라 사람이 만든 과일모양의 과자였던 셈인데 이 당과자는 일본에 건너가 화과자和菓子를 탄생시킨다.

중세 유럽에 이르러서는 과자가 대중화되고, 과자와 빵을 만들어 파는 제과제빵 전문점들도 생기면서 과자의 종류는 매우 다양해진다. 다양한 향신료 등이 과자나 빵에 첨가되고, 반죽을 할 때 팽창제를 사용했으며, 나무나 도자기로 과자를 굽는 틀도 만들어졌다. 중세 말기부터 유럽의 각 나라에서는 자기나라 특유의 고유한 과자가 탄생되고 만들어지기 시작했다.

이후 15세기 말 아메리카 대륙이 발견되면서 설탕, 코코아, 커피 등이 유럽에 전해져 과자제조에 다시 한 번 변화가 찾아오게 된다.

밀을 주로 사용하는 서양의 과자가 일본에 전해진 것은 17세기 초의 일이다. '남만과자'라 불린 카스텔라가 일본의 나가사키를 통해 전해졌다. 우리나라의 경우엔 개항이후인 '한러통상수호조약'이 체결된 뒤 1894년 개화파의 사교모임으로 결성됐던 '정동구락부'에 서양음식이 소개되면서 서양과자가 도입되었다. 서양과 달리 밀을 주식으로 하지 않았던 우리나라는 밀의 재배가 적어 밀로 만든 과자보다는 주식인 쌀로 만든 떡이 간식으로 발전했고 주를 이루었었다.

한과 최초의 기록, 김유신과 미과

오해하지 말아야 할 것은 서양과자의 도입 전까지 우리나라에 과자가 없었던 것은 아니라는 점이다. 우리나라에서는 서양의 밀가루로 만든 과자와는 다른 재료와 형태의 과자들이 만들어졌다. 한과가 그것이다.

우리의 전통과자인 한과의 역사는 상당히 오래되었다. 일본의 나라시대에는 맥병貊餠이란 과자가 있었는데 맥貊은 고구려 민족을 가리키므로, 이미 우리나라 삼국시대에 타래과나 강정류의 과자가 존재했을 것으로 추측된다.

우리나라 기록상으로도 삼국시대에 만들어진 과자의 존재가 확인되는데, 지금까지 발견된 한과에 대한 가장 빠른 기록은「삼국유사」'김유신전'에 수록되어 있다.

그 내용을 살펴보면 613년 신라의 김유신은 고구려 첩자인 백석白石이란 사람의 꾐에 빠져 고구려로 납치될 뻔했다고 한다. 이때 내림, 혈례, 골화 등 세 곳의 호국신이 여인의 모습으로 나타나 김유신에게 맛있는 미과美菓를 대접해주며 백석이 첩자라는 사실을 알려주어 김유신을 납치의 위기에서 구해주었다는 내용이다.

여기에 적힌 미과美菓가 바로 한과다. 한자를 보면 아름다울 '미'에 과일 '과'자를 쓰는데 과자菓子의 '과'자에도, 한과韓菓에도 모두 이 '과일 과' 한자를 사용한다. 그렇다면 왜 과일 '과'자를 쓰는 것일까? 자세히 보면 과일을 뜻하는 실과 '과果'에 풀초 변艹이 붙어있다. 이는 과자가 과일을 비롯한 밀, 쌀 등의 곡류 등의 식물에서 유래했음을 보여주는 것이다.

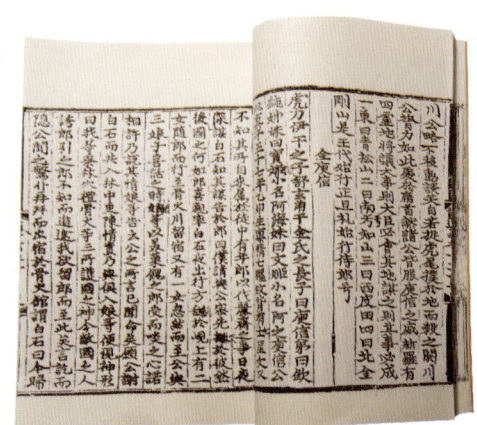

「삼국유사」 '김유신전'
지금까지 발견된 한과에 대한 가장 빠른 기록이다.

　실제로 한과의 시작은 과일을 오래 보관해 먹기 위해 과일을 말려 만든 과편果片에서 비롯되어진 것으로, 과편은 현재의 젤리와 비슷한 한과의 일종이다. 비단 한과뿐 아니라 서양과자의 경우에도 과자의 시작을 곡물에 과즙을 가미한 것에서 기원한 것으로 보기 때문에 과자와 한과 모두에 '실과 과'자에 '풀초' 변을 넣은 '과일 과'라는 한자를 사용하는 것이 틀리지 않다.

　과자를 해결하고 나니 아름다울 미美가 마음에 걸릴 수 있다. 대체 김유신이 먹은 과자가 어떻게 생겼기에 아름다울 미자를 붙여 미과라고 했을까?

　'아름다울 미' 자를 찾아보면 비단 아름답다는 뜻뿐만 아니라 '맛이 좋다'는 의미도 포함되어 있음을 알 수 있다. 그렇게 보면 '미과'란 맛있는 과자로 해석되는 것이다. 또 한편으로는 당시 삼국시대의 과자 제조 기술이나 생산 식물 등 여러 가지를 고려해 봤을 때 미과는 역시 과일을 말린 과편일 확률이 높은데, 살구, 앵두 등으로 만든 과편은 적절하게 부드럽고 달고 시큼해 맛이 좋으면서도 눈으로 보는 색 역시 고와 예쁜 과자라는 의미로도 '아름다울 미'자를 썼을 것이라 생각된다.

이 외에도 「삼국유사」 '가락국기'에 의하면 왕비가 이바지 음식의 하나로 과자를 만드는 재료를 가져왔다는 기록과 수로왕묘首露王廟 제수祭需에 과果가 쓰였다는 기록이 남아있다. 제수에 쓰인 과果의 경우, 원래는 과일을 의미하나 과일이 귀한 겨울에는 과일 대신 곡식을 가루 내어 과일의 형태로 만든 과果를 사용한 것으로 보인다.

참고로 진짜 과일은 실과實果, 곡식을 이용해 과일처럼 보이게 만든 것은 조과造果라고 하였다. 또한 과果와 과菓는 과거에도 지금도 같은 의미로 사용되기도 함을 말해 둔다.

불교와 한과

우리나라 한과의 발달은 불교문화와 깊은 연관이 있다. 육식을 금하는 불교는 그 특성으로 인해 불교만의 음식문화를 발전시켜왔다. 짜고 맵고 단 자극이 없고, 담백하고 자연적인 채소 위주의 음식이 주를 이루는 불교의 식단은 오늘날 사찰음식이라고 불리며 건강식으로 사랑받고 있다.

사찰음식 외에도 불교에서 발달한 것은 차茶문화이다. 우리나라의 불교는 중국에서 전해진 것으로, 알다시피 중국인들은 차를 매우 즐겨 마시며 중국의 불교에서는 차 공양供養을 수행의 한 방법으로 여겼다. 중국 당나라에서 우리나라에 전해진 불교의 영향으로 우리나라 불교 역시 스님들이 차를 공양하며 심신을 수양했다.

차문화는 필연적으로 차와 곁들여 먹는 음식인 다식茶食의 발전을 가져왔는데 우리나라의 경우 자극성이 없고, 쌀 등의 식물을 주재료로 하는 한과가 그것에 해당했다.

그러나 불교가 처음 유입된 삼국시대에는 아직 불교의 영향이 크지 않아 한과 역시 대중화되지는 못했다. 이를 알 수 있는 것이 5세기에 만들어진 고구려 무용총의 널방 북벽의 그림이다. 이 그림에는 무덤의 주인이 스님 두 사람과 이야기를 나누는 장면이 묘사되어 있는데 자세히 살펴보면 과일은 보이지만 차나 다식을 담은 그릇은 보이지 않는다. 아마도 불교 유입의 초기이고, 한과를 만드는 방법도 대중화되지 않았던 시기에 만들어진 무덤이라 그런 것으로 유추된다.

물론 삼국시대에 한과가 전혀 만들어지지 않은 것은 아니다. 앞에서도 언급했듯이 「삼국유사」 '김유신전'과 '가락국기 수로왕조'편에 한과에 대한 언급이 있다. 신라의 31대 임금인 신문왕이 왕비를 맞이할 때도 폐백품목 중 한과의 재료가 있었던 것으로 보아 삼국시대에 한과가 만들어지고 있었음을 알 수 있다. 다만 이 시기에는 한과가 널리 대중화되지 않았을 뿐이다.

삼국시대 이후 불교가 점차 우리나라에 자리를 잡아가면서 차를 마시는 풍습이 성행한 통일신라시대에 차와 함께 즐긴 다과상 역시 발달하였고, 여기에 한과가 오르기 시작하면서 7세기 이후에는 한과가 널리 대중화되었다고 짐작된다.

고려시대의 인기과자, 유밀과

불교의 사찰에서는 차문화와 차와 함께 먹던 다식茶食문화를 적극적으로 발전시켜 나갔다. 자연스럽게 사찰에서는 유밀과를 비롯한 한과를 직접 만들기 시작했으며 그 노하우가 점점 쌓여갔다. 그리고 고려시대에 오면서 불교가 매우 성행하게 됨으로써 사찰의 차문화는 속세에도 퍼지게 되고, 더불어 유밀과를 비롯한 한과 역시 속세에 퍼져나가 유행하기 시작한다.

고려시대 한과의 대중화가 어느 정도였느냐고 하면 위로는 임금으로부터 아래로는 일반백성까지 한과를 즐겨먹었다. 특히 찹쌀가루로 만든 유밀과의 인기가 대단했는데 이를 증명하는 재미있는 역사적 사실이 전해진다.

「고려사절요」와 함께 고려의 역사를 가장 충실하게 기록한 역사서인「고려사」'형법금령'에 의하면 고려의 19대 임금인 명종 22년(1192)에 유밀과의 사용을 금지하는 명령이 내려지고 유밀과 대신 나무열매를 쓰라고 지시하였으며, 고려 31대 왕인 공민왕 2년(1353)에도 역시 유밀과의 사용금지령이 내렸다고 적혀있다. 이유는 유밀과가 너무 성행하여 유밀과를 만드느라 유밀과의 재료인 곡물, 꿀, 기름 등이 허비되고 물가가 올라 민생에 해가 된다는 것이었다.

지금 생각하면 국가가 나서서 어떤 음식 품목의 제조를 금한다는 것이 상상이 안 되는 일이지만 그만큼 고려시대 유밀과의 인기가 임금이 걱정할 정도로 심각한 일이었음을 알 수 있다.

때로는 금지대신 제한을 두기도 했다. 고려의 일부 왕들은 연회의 크기에 따라 각각 소연小宴에는 3기, 중연에는 5기, 대연에는 7기

로 유밀과의 사용을 제한하는 금령을 내림으로써 지나친 사치를 방지하고자 했다.

유밀과가 대중의 인기만 있었던 것은 아니다. 유밀과를 비롯한 한과들은 고려시대의 각종 행사에 사용되었다. 연등회, 팔관회 등 국가적 불교행사는 물론이고, 임금의 탄생일 등 국가적 행사와 연회, 나아가 왕족과 귀족 및 사원의 행사 등에 반드시 올려졌다. 왕의 행차 등에 고을에서 올리는 진상품이기도 했으며 고려의 혼례음식이기도 했다.

이러한 고려의 유밀과는 외국인들의 입맛도 사로잡았던 모양이다. 「고려사」에 이에 관한 일화가 기록되어 있는데, 원나라 세자의 결혼식 참석을 위해 원나라를 방문한 고려의 충렬왕이 연회상에 고려에서 가져간 유밀과油蜜菓를 올렸고 이를 맛본 원나라인들은 유밀과의 맛이 입 안에서 살살 녹는다고 극찬하였다고 한다. 이후 원나라에서는 유밀과를 특별히 '고려병高麗餠'이라 부르며 즐겨 찾았다고 전해진다.

조선시대 한과의 다양성

조선시대를 다룬 사극을 보면 한과가 자주 등장한다. 임금이 바쁜 일과 중에 잠시 휴식을 취할 때라든지 양반이 서책을 읽을 때 궁녀나 하인들이 다과상을 준비해 들이는 모습을 보면 한과가 올라있는 것을 쉽게 볼 수 있다. 왕궁여인들이 모임을 갖고 이야기를 나누는 장면, 혼례장면 등에서도 한과가 보인다.

사극에서 보는 만큼 조선시대에는 한과가 자주 섭취되는 음식이었을까?

고려시대에 이어 조선시대에도 한과는 사랑받았다. 특히 조선시대에는 유밀과뿐 아니라 다양한 한과가 고도로 발달했는데 문헌에 기록된 한과류만 해도 그 종류가 무려 254종에 이른다. 또한 한과의 쓰임새도 다양했고, 임금을 포함한 왕실은 물론 양반가와 백성들이 즐겼다.

먼저 임금의 경우 매우 다양한 한과를 즐겼는데 임금이 매일 받는 어상에는 적어도 하루에 한번은 한과가 올랐다. 조금 자세히 살펴보면, 임금은 하루에 5번의 음식이 차려진 상을 받았는데 죽수라상, 조수라상, 주다소반과, 석수라상, 야다소반과가 그것이다. 이중 '죽수라'는 밥 대신 죽을 주식으로 올리고 몇 가지 반찬을 곁들인 초조반상初早飯床으로 새벽 일찍 일어나는 왕이 이른 아침에 가볍게 먹는 상차림이었다. 우리의 일반적인 식사와 같은 개념의 정식적인 상차림은 아침 10시경에 먹는 늦은 아침 식사인 '조수라상'과 저녁 5시경에 먹는 저녁식사인 '석수라상'이다. 임금은 하루에 두 번 정식 식사를 한 것이다. 그리고 아침과 저녁 사이에 '주다소반과'를 야참으로는 '야다소반과'를 먹었다.

'주다소반과晝茶小盤果'는 낮것상이라고도 한다. 점심이나 마찬가지로 간단하게 면요리로 차려진 장국상이나 다과상이 마련됐다. 이때 주다소반과의 다과상에는 2종류의 과일 외에 강정, 정과, 조란, 율란, 강과, 당, 병 등 6종류의 한과가 올랐다. 또, 야참이나 마찬가지인 '야다소반과'에는 한과의 일종인 약식이나 면, 식혜, 우유죽 등이 올랐다. 즉, 임금은 조다소반과와 야다소반과를 통해 거의 매일 한과를 섭취한 것이다.

이외에도 조선의 왕실에서는 친인척들이 방문하는 등 손님을 접대할 때나 명나라 사신을 접대할 때에도 접대상에 과일과 함께 약과, 다식 등 한과를 많이 올렸는데 특히 명나라 사신을 접대할 때에는 중국인들이 좋아하는 기름에 튀긴 한과를 빠뜨리지 않고 올린 것을 기록으로 알 수 있다.

궁중과 왕실에서만이 아니다. 조선시대에는 양반집에서도 한과를 즐겨 먹는 것이 일반적이었다. 그러다보니 양반집 자체적으로 한과를 만들기도 했으며, 한과를 만드는 재료가 늘 상비되어 있었다.

재미있는 것은 한과의 쓰임이다. 한과는 기호식품으로도 사랑받았지만 왕실은 물론 양반가 나아가 일반백성들까지 한과를 제사음식, 혼례음식, 환갑음식, 설날음식 등 잔치와 의례 음식으로 숭상했다는 것이다. 이때에는 다양한 종류의 한과를 만들어 높이 쌓아놓았는데 이를 위해 한과제조기술이 뛰어난 전문가들이 동원되었을 뿐 아니라 한과를 높이 잘 쌓는 고임새가 빼어난 사람들까지 초빙되었다. 궁중연회상에는 24가지의 한과를 1자8치의 높이로 높이 고여 올리기도 했다고 한다. 또, 한과가 연회상에 올라가는 음식의 반을 차지할 정도로 각광받는 음식으로 발전하기도 했다.

이러한 한과의 성행이 조선시대에도 문제가 되었나 보다. 조선왕조의 종합 법전으로 일컬어지는 「대전회통大典會通」을 보면 헌수, 그러니까 환갑잔치 등 특별한 나이 때의 장수를 기원하는 잔치와 혼례, 제향 이외에 조과를 사용하는 사람에겐 곤장을 맞도록 한다는 규정이 있다. 그러나 이 규정이 잘 지켜졌을지는 좀 의문이 든다.

일 년 내내 한과

　삼국시대, 고려시대, 조선시대 등 시대를 이어가며 발전하고 사랑받던 한과가 서구문명의 유입으로 이 땅에 들어오기 시작한 서양과자에 밀려 현재에 이르러서는 오히려 대중성을 잃어버렸다. 밀가루, 설탕, 유제품 등으로 만들어진 서양과자류에 비해 한과는 자극성이 적어 맛이 밋밋하게 여겨지기도 하고, 재료의 선택부터 만드는 과정이 복잡하고 까다로워 천편일률적으로 대량생산하기 어려운 등의 문제를 가지고 있기 때문이다.

　그러나 여전히 한과는 사라지지 않고 꾸준하게 명맥을 이어나가고 있는데 그 이면에는 한과가 단순히 기호식품의 역할만 수행하는 것이 아니라 오랜 세월 세시풍속 명절과 제사, 혼례 등의 우리 삶의 커다란 행사 속에서 희로애락을 함께하는 기능도 가지고 있기 때문이라고 생각한다.

　건강식품에 대한 선호와 좋은 음식에 대한 의식이 깨어가는 지금 우리나라 전통과자인 한과에 대한 관심도 다시 확산되어가고 있다. 한과가 가진 먹거리로서의 의미만이 아닌, 우리 삶과 동행하는 한과의 문화적 쓰임을 돌아보면 색다른 한과의 모습을 만날 수 있을 것 같다. 그런 의미에서 이번에는 우리의 세시풍속과 의례 속 한과의 모습을 살펴보도록 하겠다.

　먼저 세시풍속 속의 한과이다. 세시풍속이라 함은 예로부터 전해지는 농경사회의 풍속으로 농사력, 계절의 변화, 한 해의 절기에 맞춰 행해지는 전승적인 행사나 생활관습이다. 우리나라의 경우 농경사회를 벗어난 지금도 여러 가지 세시풍속이 지속되고 있는데 그 세시풍속 속에서 우리 민족이 어떤 한과를 만들었고 먹어왔는지 알아보자. 참고로 모든 세시 풍속은 음력을 기준으로 정해진다.

우리의 세시풍속 중 가장 먼저 찾아오는 것은 음력 1월 1일 정월 초하루의 설날이다. 이날에는 차례상이 차려지고 어른들에게 세배를 드리기 위해 일가친척은 물론 손님들이 몰려온다. 이때 차례상은 물론 손님들을 대접하기 위한 세찬에는 강정과 산자를 비롯한 유과류, 엿강정, 약과, 다식, 숙실과 등의 다양한 한과가 오른다.

1월에는 또 다른 세시풍속이 기다리고 있다. 음력 1월 15일 정월 대보름이다. 오곡밥을 지어먹고, 호두나 땅콩 등 껍질이 딱딱한 견

제1장 이야기가 있는 한과

과류를 치아로 깨어 먹는데 이것을 '부럼 깨기' 혹은 '부스럼 깨기'라고 한다. 부럼 깨기를 하면 그 소리에 나쁜 귀신이 물러나고, 이빨이 튼튼해지며 한 해 동안 부스럼 등의 피부병을 예방한다는 이야기가 있다. 정월대보름에는 역시 큰소리가 나는 한과로 산자와 엿강정을 먹는다.

음력 2월 초하루를 '중화절'이라고 한다. 농사의 시작을 기념하는 절일로 중화절에는 일꾼들에게 증편과 떡을 나눠주고 콩을 볶아 먹었다. 또한 볶은 콩과 엿으로 만드는 콩엿을 먹었다.

음력 3월 3일은 '삼짇날'로 '삼사일', '중삼'이라고도 한다. 봄을 알리는 명절로 강남에 갔던 제비가 돌아온다는 날이다. 봄을 알리는 대표적인 꽃 중 하나인 진달래꽃으로 화전을 만들어 먹기도 하고, 녹두녹말로 만든 과편을 만들어 먹는다.

음력 2월이나 3월, 양력으로는 4월 5일 무렵에 찾아오는 '한식'은 동지 후 105일째 되는 날로 설날, 단오, 추석과 함께 4대 명절의 하나였다. 이날에는 불을 쓰는 것을 금하므로 찬 음식으로 제수를 만들어 제사를 지낸다. 이날 특별하게 만드는 한과는 없지만 보통의 제사상에 올리는 한과를 제사상에 올린다.

음력 5월 5일은 '단오'로 '천중절', '중오절', '수릿날', '단양' 등의 다양한 이름으로도 부른다. 일 년 중 양기가 가장 왕성한 날로 창포로 머리를 감고 그네뛰기, 씨름 등의 놀이를 한다. 쑥으로 만든 쑥절편과 녹두녹말과 꿀을 넣어 굳힌 한과인 과편을 만들어 먹는다.

음력 6월 15일은 '유두'다. 음식을 장만해 개울이나 폭포에서 몸을 씻고 먹으며 시원하게 하루를 보내는 풍속이 있다. 절식으로 햇

보리, 햇밀 등으로 전병을 부쳐 먹고, 가래떡과 꿀물로 떡수단을 만들어 먹는다.

음력 7월 7일은 견우와 직녀가 만나는 '칠석'날로 뜨거운 햇살에 빨래를 내어 말리며 쌀가루로 만든 증편이나 백설기를 만들어 나누어 먹었다. 또, 음력 7월 15일은 '백중'이라 하는데 이 날 절에서는 100가지 과일과 나물로 부처님께 공양을 지낸다. 백중은 '망혼일'이라고도 하는데, 조상의 혼을 천도하는 날로 제사를 올릴 때 한과도 제사상에 올려진다. 농민들은 이날 '호미씻이'라 하여 음식을 장만해 들판에 나가 농악을 울리며 하루를 즐긴다.

음력 8월 15일 '한가위'는 일 년 농사의 결실을 얻는 시기라 먹을 것이 풍성하다. 따라서 한가위 때에는 다양한 한과가 만들어지는데 숙실과와 정과는 물론 햇곡식으로 만든 다식, 엿강정 등이 그것이다. 이 한과들은 제사상, 다과상 등에 오르고 이웃과 나누어 먹는다.

음력 9월 9일은 '중양절'이다. 한가위, 즉 추석에 못 지낸 조상의 제사를 지내는 날이기도 하며 추수를 마무리하는 시기이기도 하다. 국화전을 부쳐 먹으며, '풍국놀이'라 하여 음식을 장만해 산야로 나가 단풍을 즐겼다.

음력 10월은 '상달'이라고 한다. 농사가 마무리되는 때로 이 시기에는 붉은 팥으로 시루떡을 해 성주신에게 가정의 화목과 무사를 빌며, '시제'라 하여 조상의 무덤을 찾아 제를 지낸다. 또, 앞으로 다가올 명절을 위해 유과를 만들 재료를 말리거나 엿을 고아 둔다.

음력 11월엔 대설과 소한 사이에 찾아오는 '동지'가 있다. 찹쌀 경단을 만들어 넣은 팥죽을 쑤어 먹는데 먹기 전에 팥죽을 집안 곳곳에 뿌려 액운을 쫓는다. 왕실에서는 대추, 계피, 후추, 꿀 등을 넣어 푹 삶은 후 펴서 만든 전약을 해 먹었다. 전약은 따뜻한 성질을 가진 재료로 만들어 몸을 보하는 겨울 음식이었으며, 악귀를 물리친다는 의미도 있었다. 귀한 과자로 왕은 신하들에게 전약을 하사하였다.

일 년의 마지막인 음력 12월을 '섣달'이라고 한다. 한 해를 잘 마무리하고 다가올 새해를 맞이하기 위해 집안과 밖을 청소하고, 연말이 가까워지면 '세찬歲饌'이라 하여 육포, 마른생선, 과일 등을 친척 등과 주고받았다. 그믐이 되면 집 안팎의 불을 밝혀 두고 잠을 자지 않은 채 밤을 새워 새해를 맞는다. 새해준비 음식이 다양하게 준비되는데 꼭 만들어야하는 한과는 없었지만 엿강정, 유과, 약과, 다식, 엿 등 다양한 한과가 새해맞이 음식들과 함께 만들어졌다.

삶과 동행하는 한과의 모습

옛 선조들이 한과를 즐긴 것은 사실이지만 현대의 과자처럼 과잉 섭취하지는 않았다. 필요한 순간, 필요한 만큼 적당하게 먹었다. 특히 양반의 경우 한과를 섭취함에 있어서도 격을 갖추었는데, 현대인들의 과자 섭취처럼 길을 가다가도 먹고, 누워서도 먹고, TV를 보면서도 먹는 마구잡이식 섭취가 아니라 일정한 시간에 차나 수정과 등의 음청류와 함께 다과상을 차려 먹었다.

이는 한과가 선조들에게 귀한 음식이었음을 눈치챌 수 있게 해준다. 꿀 등 고급 재료의 사용과 한과를 만드는 과정의 수고로움 등을 알기에, 또 한과의 맛과 모양, 색 등을 즐길 줄 알았기에 하나의 문화

로서 한과를 보고 먹고 즐거워한 것이다.

귀한 것을 귀하게 대접할 줄 알았던 우리의 선조들은 한과를 우리의 삶에 있어 중요한 순간과 예가 필요한 자리에 빠짐없이 올렸다. 국가의 중요한 연회나 제례, 불교 의례는 물론 인간의 개인적인 삶에 있어서도 인생의 새로운 출발이나 다름없는 혼례에, 조상에게 드리는 차례나 제사에, 부모님의 장수를 축하하는 회갑례에, 부모님의 오랜 해로를 축하하는 회혼례에 한과는 상에 올라 우리의 희로애락을 함께했다. 그리고 지금까지도 이러한 한과의 전통은 이어지고 있다.

세상에는 수많은 음식이 있고, 각 나라를 대표하는 음식들도 많지만 한과처럼 인간의 평생을 두고 인생의 중요한 자리마다 턱 하니 제

자리를 차지하며 삶과 동행하는 형태의 음식은 드물다. 특히 과자가 말이다. 우리나라를 대표하는 세계적 음식인 김치, 비빔밥, 불고기 등도 그 영광의 자리를 차지하지는 못하고 있다. 그런 의미에서도 한과는 참 특별한 음식이다.

음식치고는 참 제대로 대접받는 음식인 셈인데 그 이유가 뭘까 생각해 봤다. 아마도 한과가 천연재료를 원료로 하며 자극성이 없는 음식이라 남녀노소가 즐겨도 탈이 없고, 정성이 가득한 음식이라 격식이 필요한 상에 어울린다 생각하였던 것이 아닌가 싶다.

그렇다면 어떠한 한과들이 인생의 중요한 상차림에 올랐는지 살펴보자.

먼저 인생에 있어 가장 큰 사건이라고도 할 수 있는 혼례에는 납폐納幣음식으로 유밀과가 쓰였다. 납폐란 결혼을 허락해 준 것에 대한 감사의 표시로 신랑 측에서 신부의 집으로 서신과 폐물을 보내는 것인데 문헌에 의하면 고려시대에는 유밀과가 납폐 목록에 들어있었다.

그리고 혼례가 끝나면 신부 집에서는 신랑에게 축하의 의미로 큰 상을 차려주는데 이때 음식을 높이 고이므로 이를 고배상高排床이라고 한다. 고배상에는 각색의 편과 강정, 약과, 산자, 다식, 숙실과, 생실과, 당속류, 정과 등 다양한 한과가 놓였다. 또 신부는 이바지 음식이라 하여 각종 음식을 담아 신랑집으로 가져갔는데, 이바지 음식에는 주로 인절미 등의 떡과 함께 유과를 풍성하게 담았다.

부모의 예순 한 살이 되는 생일을 축하하는 경사스런 자리인 회갑례 때에도 우리나라 상차림 중 가장 화려한 고배상이 차려진다. 회갑례의 고배상에 올리는 음식이나 높이, 위치는 딱히 정해져 있지 않지만 보통 유과나 조과 등의 한과류와 생과일 등을 가장 앞줄에 높이 괴어 놓는다. 그 높이는 높게는 60cm에 이르며 원통형으로 쌓아 올리고, 한과에 색을 입혀 축祝, 복福, 수壽 등의 길한 문자가 보이도록 하거나 보기 좋은 문양을 만든다.

부모가 혼인한지 육십 년이 되면 오랜 세월 해로한 부모님을 축하하며 장성한 자식들이 다시 혼례를 치러드리는데 이것이 회혼례다. 옛날에는 부부가 모두 장수하여 육십 년을 같이 사는 경우가 드물었으므로 회혼례를 부부가 맞이한다는 것은 매우 축하받을 일이었다. 따라서 처음 혼례를 치를 때처럼 한과 등을 높이 쌓아 고배상을 차린다.

이처럼 한과는 인생의 축하할 일에 있어서 빠지지 않는 음식이었다. 그렇다고 한과가 축하 자리에만 함께 한 것은 아니다. 돌아가신 조상을 모시는 제례 상차림과 불교의 제상에도 한과가 오르는데 특히 유밀과, 그중에서도 약과가 제례에 많이 사용된다. 산자나 강정 등도 제례에 오른다. 단, 혼례, 회갑례 등에 올리는 한과와 달리 이 경우엔 화려한 색의 한과가 아니라 무채색에 가까운 한과를 많이 사용한다. 송화다식, 흑임자다식, 쌀다식이 대표적인 무채색의 한과이다.

지방색을 입은 한과

한과는 자연의 순리를 따르는 음식이다. 계절의 변화에 따라 제철에 생산되는 재료와 지방의 특산물이 한과의 재료로 많이 사용됐다.

따라서 한과는 다양해질 수밖에 없었는데 우리나라가 사계절을 가지고 있으며, 남북으로 길게 뻗은 지형으로 인해 지역별 기후의 차가 있고, 내륙엔 국토의 70%에 해당하는 산을 가지고 있는 산악국이면서 삼면은 바다로 둘러싸였다는 점, 그러면서도 농업이 발달한 나라라는 점 등이 다양한 농수산물을 탄생시키기 때문이다. 재료의 다양성은 한과를 만드는 이의 상상력과 만나 창조적인 한과를 만들어 낸다.

그래서 한과를 공부하다보면 생각지도 못한 재료로 만들어진 한과를 만나기도 하고, 그 한과가 탄생한 지방의 지형이나 토양, 주된 농산물이 예측되며, 때로는 그 지방 사람들의 기질이나 성품이 반영된 것을 느끼기도 한다. 각 지역별 한과를 살펴보는 재미가 쏠쏠하다.

대한민국의 수도 서울과, 서울과 인접한 경기도를 보자. 서울과 경기도는 서쪽으로는 서해, 동쪽으로는 산이 있으며, 경기도의 농경지까지 포함하고 있어 육상과 해상의 농산물이 고루 수확되며 경제, 정치, 문화의 중심지인 서울의 특성상 전국각지의 농산물과 특산물이 집결하는 곳이므로 다양한 한과가 만들어졌다. 그중에서 예로부터 잣이 유명했던 가평에서는 소나무가 아닌 잣나무에서 채취한 송홧가루로 만든 가평송화다식이, 땅콩의 주산지인 여주에서는 땅콩강정이 만들어졌다. 과거부터 현재까지 인삼으로 유명한 파주와 경기도 북서부에 위치했으며 옛 고려의 수도였던 개성의 경우엔 인삼을 이용한 한과가 있으며 이 외에도 '개성모약과'가 유명하다.

강원도는 쌀농사보다 밭농사를 많이 짓는 지역이다. 주식 역시 과거에는 쌀이 아니라 옥수수, 감자, 메밀 등 밭에서 나는 농산물로 만든 강냉이밥, 감자밥, 감자수제비, 메밀막국수 등이었다. 서울과 달리 소박한 음식이 특징인 셈인데 한과 역시 쌀이 아닌 밭에서 나는 작물로 많이 만들어졌다. 특산물인 옥수수로 만든 옥수수엿, 밀가루로 만든 매작과, 찹쌀가루로 만든 약과, 역시 찹쌀로 만든 강릉산자 등이 별미로 꼽힌다.

우리나라 최대의 곡창지대이자 서쪽과 남쪽으로 바다를 끼고 있는 전라도는 음식의 재료가 풍부할 뿐 아니라, 음식 맛있기로는 첫손에 꼽히는 곳이다. 한과 역시 매우 다양하여 찹쌀가루와 구기자가루를 섞어 만든 구기자강정을 비롯하여 산자, 유과, 동아강정, 연강정과, 비자강정, 전주약과, 창평흰엿 등이 있다.

충청도는 넓은 옥토를 가지고 있어 곡류가 풍부하고 인삼산지가 있다. 인삼을 재료로 만든 인삼정과와 인삼약과, 수삼정과가 유명하다. 특이한 한과로는 '무엿'과 '무릇곰'이 있는데 무엿은 불린 쌀과 엿기름, 무채를 넣고 만드는 것으로 우리가 일반적으로 먹는 딱딱한 갱엿이 아니라 숟가락으로 떠먹는 엿이다. 또한 무릇곰은 백합과에 속하는 여러해살이풀인 '무릇' 말린 것과 쌀가루, 엿기름, 생강즙, 쑥 등을 푹 고아 만든 과정류이다.

경상도는 사과를 비롯한 제철과일과 채소 등으로 만든 정과와 다식이 유명하다. 그중에서도 사과와 밤, 대추, 밤, 감 같은 다양한 과일과 열매를 이용한 정과와 통도라지, 연근, 당근, 우엉, 생강 등으로 만든 '각색정과', 산더덕과 산당귀 뿌리, 송홧가루, 토종꿀로 만든 '신선다식', 청주와 설탕으로 버무려 재워둔 대추를 쪄서 만드는 '대추징조', 찹쌀가루와 멥쌀가루, 막걸리, 조청, 쌀로 만든 튀밥으로 만드는 '준주강반'은 경상도를 대표하는 한과다.

아름다운 제주에는 매우 특별한 한과가 있다. 바로 닭고기, 꿩고기, 돼지고기 등의 육류로 만든 닭엿, 꿩엿, 돼기고기엿이다. 이 엿들은 제주사람들의 별미이자 보양식으로 사랑받았다.

마지막으로 지금은 갈 수 없는 땅, 북한지역의 경우 황해도 지방의 무로 만든 과자인 '무정과', 평안도 지방에서는 수수로 만든 '수수엿', 함경도 지방에서는 '태석'이라는 엿이 유명했다.

세계의 과자 산책

프랑스의 대표적 거품과자
마카롱

Macaron

최근 한국에서도 인기가 많은 마카롱은 아몬드가루, 밀가루, 달걀흰자, 설탕 등으로 만드는 프랑스의 고급과자로 설탕과 달걀, 시럽 등의 거품을 이용해 만드는 거품과자인 머랭meringue의 하나이다. 유럽에서는 오래전부터 이 머랭이 발달했는데 마카롱은 다쿠아즈dacqoise와 함께 프랑스를 대표하는 머랭이다.

머랭 종류의 과자는 겉은 바삭하고 속은 부드러운 특징을 가지고 있다. 마카롱 역시 겉은 바삭하고 속은 부드러우면서도 쫀득한 특유의 식감과 진하지만 느끼하지 않은 달콤함과 향으로 사랑받는 과자다.

프랑스 라뒤레 과자점 라뒤레의 피에르 드퐁텐이 두 머랭 조각 사이에 크림을 넣는 지금의 샌드 형태의 마카롱을 고안해냈다.

지금은 프랑스를 대표하는 과자로 널리 알려져 있지만 사실 마카롱은 이탈리아의 과자였다. 8세기경 '마케로네Macerone'라 불리며 이탈리아의 베네치아에서 처음 먹기 시작한 것으로 알려진 마카롱은 1533년 마카롱을 즐겨먹던 이탈리아 메디치가문의 '카트린느 드 메디치'가 프랑스의 왕 앙리 2세와 결혼하면서 프랑스에 전해지게 되었다. 카트린느 드 메디치는 결혼 당시 13세기에 작성된 마카롱의 레시피를 지닌, 마카롱을 잘 만드는 요리사를 프랑스로 데려갔다고 한다. 이후 마카롱은 '여왕의 기호식품'으로 알려지며 왕실과 귀족들, 성직자들 사이에 퍼져나갔다.

지배세력만 즐길 수 있었던 고급 과자인 마카롱이 대중에게도 퍼지게 된 계기는 18세기에 발생한 프랑스 혁명이다. 프랑스 혁명 당시 권력의 핵심이었던 귀족과 성직자들은 분노한 평민들의 무차별적인 공격 대상이었다. 이 혼란기에 프랑스 로렌지방 낭시Nancy에 있는 카르멜Carmelites 수도원의 수녀들 역시 공격을 당하게 되었는데, 도망치는 수녀들에게 은신처를 제공한 가족에게 수녀들이 보답의 의미로 수녀들 특유의 비법으로 만든 마카롱을 대접하면서 일반인들에게 마카롱이 점차 알려지게 되었다. 그전까지 마카롱은 수도원과 일부의 일류 제과사들에게만 제조가 허락되었었다. 이 마카롱은 수녀의 마카롱이란 의미의 '쉐르 마카롱Seour macaron', 낭시의 마카롱이란 뜻의 '마카롱 드 낭시'로 불리며 지금까지 수녀들의 비법 그대로 전해지고 있다.

현재 우리가 접하는 마카롱은 파스텔톤의 다양한 색감과 샌드 형태를 하고 있지만 처음부터 마카롱의 모양과 색이 그랬던 것은 아니다. 지금과 같은 샌드 형태의 마카롱은 1862년 '루이 에른스트 라뒤레'가 창업한 프랑스의 유명한 과자점인 '라뒤레La durée'에서 탄생했다. 단순한 아몬드쿠키 모양의 마카롱을 '루이 에른스트 라뒤레'의 뒤를 이은 '피에르 드퐁텐'이 머랭 두 조각 사이에 크림을 넣는 법을 발명함으로써 지금의 샌드 형태의 마카롱이 되었다. 이렇게 마카롱의 머랭 과자 두 조각 사이에 크림을 샌드한 것을 '파리지앵', 또는 '리스'라고 부르며 과자부분은 '코크'라고 한다. 이 파리지앵 마카롱을 시작으로 이후 다양한 크림, 딸기나 유자 등의 과일잼, 초콜렛, 와인 등이 과자 사이에 들어가 오늘날의 다양한 마카롱으로 발전하였다.

마카롱의 종류는 매우 다양하다. 머랭을 만드는 방법에 따라, 머랭의 재료에 따라, 머랭 사이에 들어가는 것에 따라 종류가 달라질 뿐 아니라 국가별로도, 사용 용도별로도 다양한 마카롱이 존재한다. 한 가지 공통점은 재료는 비교적 단순한 마카롱이지만 만드는 방법은 그리 간단하지가 않아 숙련된 기술자의 수작업이 있어야 좋은 마카롱이 만들어진다는 것이다. 한 입에 쏙 들어가는 작은 크기의 마카롱의 가격이 그 크기에 비해 비싸고 고급과자로 불리는 이유다.

제 2 장

한과의
자연재료 이야기

Hangwa - the Main Ingredients

한과의 재료들을 알아보기 전에
한과에 사용되는 주요 곡류 재료들
한과에 사용되는 주요 씨앗 재료들
한과에 사용되는 주요 콩류 재료들
한과에 사용되는 주요 견과류 재료들
한과에 사용되는 주요 과실류 재료들
한과에 사용되는 주요 채소류 재료들

세계의 과자 산책

중국의 대표 전통과자 월병

　음식이란 것은 묘한 구석이 있다. 먹을 당시에는 그저 허기를 채우고, 맛을 즐기는 정도의 즐거움을 주는 것인 줄 알았는데 시간이 지나면 기억을 불러일으키는 추억으로 되돌아와 다시 그 맛을 찾게 만든다. 아마도 음식을 먹을 때 우리가 눈으로 보고, 냄새를 맡고, 맛과 식감을 느끼고, 먹을 때 들리는 소리까지, 후각, 시각, 미각, 촉각, 청각의 오감을 총동원하기 때문이 아닌가 싶다. 기억이란 것이 원래 감각을 통해 각인될 때 더 오래 보관된다고 하지 않는가.
　우리는 음식을 통해 헤어진 연인을 떠올리는 등 사람을 떠올리기도 하고, 음식을 먹었던 당시의 상황이나 사건을 더듬기도 한다. 연인과 행복했던 시절에 먹었던 돈가스, 어려웠던 시절 소주 한잔에 곁들였던 포장마차의 우동 한 그릇의 맛은 어찌 그리 쉽게 잊혀지지 않는지…….
　특히 우리가 흔히 말하는 '어머니의 손맛'에 대한 기억은 각별하다. 마치 우리의 세포 하나하나에 그 맛이 각인되어 있기라도 한 듯

어머니의 손맛을 구별하는데 이는 어머니가 만든 음식의 맛 그 자체에 대한 것도 있겠지만 어머니의 사랑과 정성의 기억이 아닐까 싶다. 왜냐하면 어머니가 만든 음식의 레시피대로 만들어도 다른 사람이 만들면 어머니의 손맛과는 다르게 느껴지기 때문이다.

다른 경우도 마찬가지일 것이다. 옛 연인과 먹었던 돈가스 집을 찾아 똑같은 돈가스를 시켜 먹어봐도 옛날의 그 맛은 아니다. 그럼에도 우리는 가끔 추억의 음식을 찾는다. 맛은 조금 다를지 모르지만 추억을 먹기 위해서.

나는 사람이 살아감에 있어 추억의 음식을 갖는다는 것은 매우 소중하다고 생각한다. 삶을 풍요롭게 할 뿐만 아니라 때로는 힘이 되어주고 위로가 되어주기 때문이다. 내게도 그런 음식이 몇 가지 있는데 그 중에는 한과 역시 빠지지 않고 한 자리를 차지하고 있다. 한과와 오랜 세월을 함께하다보니 자연스러운 일이라 생각할 수도 있지만 한과를 만드는 일을 하기 전 옛날의 기억 때문이다.

어린 시절의 일이다. 명절 때 이외에는 보기 힘들었던 한과지만 가끔 운 좋게 한과를 먹을 수 있었던 것은 할머니 덕분이었다. 옛날에는 좋은 것, 맛있는 것이 있으면 아이들이 아니라 집 안의 가장 큰 어른들에게 드리는 것이 당연했다. 우리 집도 마찬가지여서 어머니, 아버지는 한과를 나와 형제들 몰래 할머니의 군것질거리로 사다 드리곤 했다. 우리들 눈에 한과가 띄게 되면 한과가 남아나지 않을 테니 그리하신 것이다. 그러면 할머니는 어머니, 아버지의 뜻과는 달리 한과를 고이 모셔두었다가 손자, 손녀들이 울거나 보챌 때 조금씩 쥐어주시곤 했다. 결국 할머니가 드시는 한과보다 우리들의 입으로 들어가는 한과가 더 많았다.

특히 기억에 남는 것은 우리들이 소화가 잘 안되거나 체하는 등 배앓이를 할 때 먹었던 산자다. 배가 아프면 할머니는 한과 중에서도 찹쌀로 만든 산자를 꺼내 조금씩 쪼개서 먹이시곤 하셨다. 그 산자의 맛에 취해 배 아픈 것도 잊고 더 먹으려 안달하면 할머니는 조금씩 먹어야 한다며 꾸짖으셨다. 그리고 적당히 먹었다 싶으면 무르팍에 우리를 앉히거나 따뜻한 곳에 눕힌 후 살살 배를 어루만져 주셨다.

신기하게도 그러고 나면 잠시 후 배에서 꼬르륵 거리는 소리가 들리고, 정말 배 아픈 것이 나았다. 산자 만드는 과정 중 일어나는 찹쌀 발효로 인한 효능이 장운동을 촉진시키는 역할을 해서 실제로 소화에 도움을 준 것이라는 것은 내가 한과를 만들고 공부하기 시작한 후에 알았다. 할머닌 한과 공부를 하신 적이 없었지만 경험적으로 이를 알고 계셨던 것이다.

이런 기억 때문에 한과 중에서도 산자는 내게 좀 특별한 음식이다. 한과 자체의 우수성을 떠나 손자, 손녀에 대한 할머니의 애틋한 사랑을 떠올리게 해주기 때문이다.

나는 요즘도 배가 좀 불편하다 싶으면 너무나도 자연스럽게 산자에 손이 간다. 그리고 할머니가 그랬듯이 살살 내 배를 문지르곤 한다. 그러다가 문득 내 모습에 웃기도 하고, 지금은 돌아가신 할머니가 새삼 그리워진다. 배가 아픈 가운데서도 그 산자는 어찌 그리 맛있고 술술 넘어갔을까. 산자를 얻어먹기 위해 가끔은 거짓으로 배앓이를 흉내 냈던 것을 실은 할머니께서 다 알고 계시지 않았을까. 산자 하나에 떠오르는 기억이 참 많다.

한과의 재료들을 알아보기 전에

　모든 음식은 자연을 그 출발점으로 한다. 음식을 만드는 첫술이라 할 수 있는 재료가 모두 자연에서 나온 것이기 때문이다. 자연이 품어 낳은 재료의 영양가와 효능 등 장점을 최대한 손상하지 않고 많이 살리면 요즘 흔히 말하는 웰빙 음식이 되는 것이요, 인위적으로 가공을 많이 하는 과정에서 재료의 장점을 잃을 뿐 아니라 해로운 첨가물이 가미되거나 생성되면 인스턴트 음식처럼 인체에 무익한 음식이 되는 것이다.

　안타까운 것은 오늘날의 음식이 점점 무익하고 해로운 음식 쪽으로 가까워지고 있다는 점이다. 장수시대가 개막함에 따라 전 세계적으로 유행처럼 웰빙 음식, 건강 음식을 부르짖고 있고, 이에 따라 로컬 푸드, 슬로우 푸드, 유기농 식재료에 대한 관심도 높아지고 있는 듯 보이지만 실상은 식품첨가물이나 방부제 등이 안 들어간 음식은 찾아보기 힘들며, 즉석식품이나 패스트푸드 등의 소비량은 점점 늘어만 가는 추세다.

　특히 주전부리 음식인 과자의 경우 이 경향이 더욱 심하다. 과거의 주전부리는 한과를 비롯하여 집에서 만든 음식이 대부분이었기에 인공의 색소나 식품첨가물은 물론 방부제가 들어가지 않았다. 그러나 요즘의 주전부리는 어떠한가. 대부분 공장에서 만들어지는 과자를 섭취하고 있고, 그 과자의 봉투에 적힌 내용물과 함유량을 살펴보면 국내산 농산물보다 수입산 농산물로 만들어진 것이 대부분이며 인공

제2장 한과의 자연재료 이야기 | 65

감미료와 인공색소, 방부제 등에서 자유로운 것이 없다. 소금의 함유량도 많고, 칼로리는 또 얼마나 높은지 모른다. 사람들의 건강에 대한 관심을 의식해 만들어진 이른바 건강한 과자, 웰빙 과자라고 생산되는 제품도 말이 웰빙이지 자세히 들여다보면 몸에 좋은 것을 조금 첨가했거나 여러 가지 몸에 해로운 것들 중 하나를 다른 것으로 대체했거나 함유량을 약간 낮춘 것에 지나지 않는다.

한과의 경우는 전혀 다르다. 그 어떤 인공적인 식품첨가물은 물론, 인공색소가 들어가지 않고 식품의 부패를 막기 위해 사용되는 방부제도 전혀 들어있지 않다. 색이 필요하면 그 역시 자연의 식재료에서 자연의 방법으로 색을 얻고, 굳이 방부제 없이도 저장성이 매우 뛰어나기 때문이다. 기본적으로 우리 땅에서 나고 자라는 농산물을 주원료로 하기에 재료의 신선함과 영양성도 풍부하다. 한과가 건강식품일 수밖에 없는 이유다.

이제 궁금증이 생긴다. 과연 한과는 우리 땅의 어떤 재료로 만들어지기에 영양이 풍부하고, 어떤 자연의 재료로 인공색소 없이도 아름답고 화려한 색과 깊은 맛을 간직한 풍미를 낼 수 있는 것일까. 지금부터 하나하나 차분히 알아보기로 한다.

한과에 사용되는 주요 곡류 재료들

동서양을 막론하고 오랜 세월 인류의 주식이 되어온 곡류는 쌀, 밀, 옥수수, 조, 수수, 보리, 귀리 등의 곡식을 통틀어 이르는 말로 대량재배와 수송, 유통이 용이하여 과거에서 현재까지 인류가 가장 많이, 가장 흔하게 섭취하고 있는 식재료다. 그만큼 곡류를 활용한 음식은 전 세계적으로 매우 다양하며 한과의 재료로도 많이 사용하고 있다. 특히 쌀과 밀은 유밀과의 주재료로 쓰일 뿐만 아니라 고물로도 많이 쓰인다.

곡류의 장점은 탄수화물을 많이 포함하고 있어 훌륭한 에너지원이 된다는 것이다. 곡류를 이용한 한과 역시 마찬가지로 한과는 주식 대용으로 섭취하여도 손색이 없고, 출출하거나 에너지 보충이 필요할 때 열량을 제공해주는 훌륭한 간식거리다.

한과에는 매우 다양한 곡류가 쓰인다. 창의적인 음식인 한과는 만드는 사람에 따라 얼마든지 재료의 변화가 가능하기 때문이다. 따라서 한과에 사용되는 곡류에 제한을 둘 수는 없으며, 그것을 일일이 다 언급하기 어려운 점이 있다.

이런 이유로 어쩔 수 없이 예로부터 현재까지 한과의 재료로 많이 쓰이고 있는 곡류를 추려 영양성분과 효능 등을 살펴보기로 하겠다. 그러나 여기 언급된 곡류 이외에도 다양한 곡류가 한과의 재료로 사용되고 있으며, 사용될 수 있다는 점을 기억해 주셨으면 좋겠다.

쌀

농업 국가였던 우리나라의 대표적인 농산물로 현재까지 주식으로 사용되고 있기 때문에 가장 중요하게 생각해온 곡류다. 그 종류도 매우 다양하여 현재까지 알려진 것만으로도 7천여 종의 품종이 있는데 우리나라의 경우 쌀의 길이가 짧은 단립종을 주로 재배하여 먹는다. 단립종은 동남아시아 등지에서 주로 섭취하는 장립종에 비해 쌀알

의 길이가 짧고, 밥을 지어 놓으면 끈기가 좋은 특징을 가지고 있다. 또한 소화흡수율이 높다.

주성분은 탄수화물, 즉 당질이며 단백질과 지방은 거의 들어있지 않다. 옥수수나 밀가루보다 필수아미노산인 라이신이 2배나 많이 함유되어 있어 중성 지방의 농도를 낮추는 역할을 한다. 이 밖에도 쌀의 효능은 무궁무진한데, 엽산을 포함한 비타민 B군, 비타민 E, 마그네슘 등이 풍부하며, 특히 비타민 E는 강력한 항산화 작용으로 노화를 방지하는 효과가 있다.

참고로 쌀은 밥을 지었을 때 나타나는 쌀의 끈기에 따라 멥쌀과 찹쌀로 나눈다. 멥쌀은 우리가 보통 밥을 지어먹는 쌀이고, 찹쌀은 멥쌀보다 더 끈기가 강한 쌀이다. 찹쌀의 전분은 주로 아밀로펙틴으로 구성되어 있어 점성이 강하고 소화, 흡수가 쉬우며 한의학적으로 성질이 따뜻하고 단맛이 나 병후 회복식으로 좋다. 또한 몸이 냉한 체질에 적합하고 몸이 차서 소화력이 약한 사람에게 특히 좋다. 땀이

한과에 사용되는 주요 곡류 재료들
(왼쪽부터) 찹쌀, 쌀, 수수, 보리. 한과에는 매우 다양한 곡류가 쓰인다. 창의적인 음식인 한과는 만드는 사람에 따라 얼마든지 재료의 변화가 가능하기 때문이다. 따라서 한과에 사용되는 곡류에 제한을 둘 수는 없으며, 그것을 일일이 다 언급하기 어려운 점이 있다.

많이 나고 설사를 자주 하는 사람이 먹으면 소변을 거두고 땀을 거두는 효과가 있다.

한과에서는 멥쌀보다 찹쌀이 더 많이 사용되는데 유과의 주재료로 사용되는 것이 찹쌀이다. 멥쌀은 유과의 고물을 만드는데 사용된다. 한과의 하나인 엿을 만드는 데에도 쌀이 사용된다.

밀

쌀과 함께 세계 2대 식량작물인 밀은 서양에서 빵이나 스파게티 등의 면 요리에 주재료로 사용되며 고기 등과 함께 주식으로 이용하였다. 쌀이 주식이었던 우리나라의 경우에는 밀이 보조식량의 개념으로 쌀에 비해 상대적으로 덜 재배되었고 중요도 면에서도 쌀에 미치지 못했다. 그렇다고 밀을 이용한 음식이 우리나라에 전혀 없었던 것은 아니다. 국수 등의 재료로 사용되었으며, 간장과 된장을 만드는데도 사용되었다. 한과에서도 밀은 약과, 매작과 등 유밀과의 주요재료로 쓰였으며, 볶아서 다식으로 만들기도 한다. 한의학에서는 신장과 위를 튼튼하게 해주고 장에 좋으며, 마음을 편하게 해주는 효능을 밀이 가지고 있다고 말한다.

율무

율무는 다이어트에 매우 좋은 곡류이다. 식욕억제효과가 있기 때문이다. 또, 정신을 맑게 하고, 집중력을 높여주며, 부종과 설사의 예방과 치료효과를 가지고 있다. 이런 율무의 효과가 사람들에게 관심을 받으면서 요즘 율무를 이용한 한과가 많이 개발되고 있는데 특히 엿강정으로 많이 사용되고 있다.

수수

수수에는 차수수와 메수수가 있는데 차수수를 식용으로 재배한다. 차수수에는 단백질과 지방의 함유가 풍부하다. 또한 수수에는 항암작용을 하는 타닌과 페놀 성분이 들어있으며, 구토와 위장통, 식은땀, 종창 등의 증상을 개선해주는 효능을 가지고 있다. 한과로는 엿강정의 재료로 쓰이며 엿을 만들어 먹기도 한다.

보리

사람에게 재배된 가장 오래된 곡류 중 하나인 보리는 전 세계적으로 쌀, 밀, 옥수수에 이어 네 번째로 많이 생산되는 곡류이다. 우리나라에서는 예로부터 다른 곡류와 섞어 잡곡으로, 또는 주식으로 많이 먹어왔다. 다른 쓰임새로도 많이 활용되었는데 차로 끓여 먹었으

며, 엿기름을 만들어 식혜, 감주, 엿조청을 만드는데 활용하고, 고추장의 재료로도 써왔다.

성질이 따뜻하여 기를 보호하고, 장을 튼튼하게 하며, 설사를 멎게 하는 효능이 있다. 소화를 돕는 기능이 탁월하다는 것은 예로부터 알려진 사실이다. 당뇨병과 변비 예방에도 좋은 것으로 알려져 있다.

이러한 보리를 한과에서는 엿강정으로 만들어 먹고, 엿으로도 만들어 먹었다.

한과에 사용되는 주요 씨앗 재료들

식물성 씨앗으로 종자가 결실이 되는 류의 식물을 가리켜 종실류라고 한다. 종실류의 종류는 매우 다양하여 참깨, 검은깨 등의 종자류와 크게는 과일의 핵에 포함된 인, 종자 등도 종실류에 속한다. 땅콩 등의 견과류, 대추와 은행 등의 나무열매 등도 종실류에 모두 포함되는 것이다.

일반인들에게는 종실류라는 이름이 낯설고 그 범주에 속하는 식물재료들을 정확하게 구분하기 어려울 수 있다. 한 예로 대추의 경우 종실류이긴 하지만 과실류에 속하기도 하며, 산에서 난다 하여 임산물로도 간주하기 때문이다. 산딸기의 경우도 종실류이면서 과실류이기도 하다.

그래서 이 책에서는 종실류에 속하지만 땅콩처럼 견과류라는 이름으로 더 익숙한 것은 견과류에서, 과일로 익숙한 것은 과실류에서 다루기로 한다. 이 점을 참고해 읽어주셨으면 좋겠다.

참깨 등의 종실류, 즉 종자가 결실이 되는 씨앗재료들의 특징은 콜레스테롤을 예방하고 치료하는 몸에 좋은 식물성 기름을 풍부하게 함유하고 있다는 것이다. 또한 고단백질 식재료이며, 각종 비타민과 미네랄 역시 풍부하여 작은 크기에 비해 풍부한 영양소를 골고루 갖춘 식품으로 사랑받고 있다.

한과에서는 영양이 풍부할 뿐 아니라 맛까지 고소한 씨앗재료들을 여러모로 활용하고 있다. 주재료로 엿강정을 만들어 먹기도 하고, 부재료로 사용하여 한과의 풍미와 식감을 더하거나 고명으로 사용하여 모양을 아름답게 꾸미는데 사용한다.

검은깨

검은깨는 '흑임자'라고도 한다. 중국에서는 깨 중에서도 검정깨인 흑임자를 불로장수의 식품, 선약仙藥으로 여겨 귀중하게 여겼다. 우리나라에서도 예로부터 건강과 장수식품으로 알려져 있는데 특히 여자와 노인들의 보양식으로 많이 섭취하였다. 흑임자를 장복하면 여인들의 경우 피부가 하얘지고 윤기가 난다고 하였다. 노인에 있어서는 풍을 예방해주고 노화로 인한 난청과 새치 및 흰머리를 검게 해주는 효능을 가진 식품으로 알려져 있다.

이러한 효능은 흑임자에 함유된 풍부한 영양성분에 기인한 것으로 흑임자엔 필수 아미노산이 많이 들어있어 뇌를 건강하게 하고 신장을 보한다. 칼슘, 철분 등 각종 미네랄과 비타민이 풍부하여 성장기 어린이나 여성에게 꼭 필요한 식품이다. 특히 비타민 E가 다른 곡식에 비해 많이 들어 있어 피부노화를 방지한다.

한과에서는 볶아서 엿물과 버무려 만드는 깨엿강정을 만드는데 많이 활용하고 있다.

참깨, 들깨

검은깨뿐만이 아니라 참깨와 들깨도 한과에서 엿강정의 기본재료로 많이 쓰이며, 영양성분 또한 매우 훌륭하다. 참깨의 경우 우수한 영양성분을 가지고 있어 우리나라에서는 오래전부터 정력제나 병후의 기력을 회복하는 음식으로 많이 사용됐다. 참깨를 장복하면 근골이 단단하고, 기운이 나며, 피부가 좋아지고, 오장이 윤택해질 뿐 아니라 뇌신경이 튼튼해진다고 「동의보감」이나 「본초강목」에서는 말하고 있다.

매우 우수한 식물성 단백질과 식물성 지방, 칼슘을 포함하고 있어 성인병의 주범이 되는 체내 콜레스테롤의 축적을 막아주며, 철분과 회분, 비타민 A, 비타민 B군, 비타민 C가 풍부히 함유되어 질 좋은 영양소가 고르게 함유되어 있다.

맛과 향이 독특한 들깨의 경우도 마찬가지로 단백질, 지방, 탄

한과에 사용되는 주요 씨앗 재료들
(왼쪽부터) 검은깨, 참깨, 들깨, 해바라기씨, 호박씨.

수화물의 3대 영양소는 물론 섬유질과 무기질, 비타민이 고르게 들어있다. 특히 들깨에는 비타민 E와 F가 풍부하여 건강과 피부미용에 좋은 식품이다. 과거에는 구황식품으로 들깨를 이용하기도 했다.

해바라기씨

먹을 것이 부족했던 과거, 시골에서는 저장성이 뛰어난 해바라기씨를 입이 심심할 때 씹어 먹었다. 그러다가 먹을 것이 풍부해지면서 해바라기씨를 주전부리로 먹는 일이 거의 없어졌는데 최근 들어 건강에 대한 관심이 높아지며 해바라기씨는 다시 주목받고 있다. 해바라기씨가 다른 견과류에 못지않은 영양을 가지고 있는 것으로 알려졌기 때문이다. 상업적으로도 많이 개발되어 시리얼이나 곡물 빵 등에 해바라기씨가 사용되고 있다.

사실 해바라기씨의 식용 역사는 오래됐다. 아메리카 원주민들은 수천 년 전부터 해바라기씨를 먹어왔다고 한다. 지금도 중국과 동유럽의 국가들에서는 해바라기씨가 인기 있는 간식거리다. 러시아의 경우에는 해바라기씨로 만든 식용유를 많이 사용한다.

날것으로도 먹고, 볶은 것으로도 먹는 해바라기씨는 날것으로 먹으면 오독한 씹는 맛이 있고, 볶아 먹으면 고소함이 진해지면서 토스트 향이 난다.

해바라기씨에 다량 함유되어 있는 불포화지방산은 몸에 좋은 지방이다. 콜레스테롤의 축적을 막아 동맥경화, 고혈압의 예방효과가 있다. 또, 토마토보다 무려 1.8배 많이 함유된 엽산은 혈액응고와 동맥경화를 촉진하는 성분을 감소시켜 심장질환과 뇌졸중을 예방한다. 이외에도 인과, 칼슘, 칼륨, 철분 등의 무기질이 풍부하다.

이러한 해바라기씨는 한과에 있어 엿강정을 만드는데 많이 사용되는데 해바라기씨로만 엿강정을 만들기도 하고, 검은깨 등 다른 씨앗재료들과 섞어 만들기도 한다. 또한 약과 등에 고명으로 얹어 영양과 맛을 더하고 모양새를 예쁘게 만드는데 사용되기도 한다.

호박씨

과거 우리 선조들은 몸이 허약해졌을 때 늙은 호박을 달여 원기를 보충하였을 뿐만 아니라, 임산부의 출산 후에는 몸의 붓기를 빼기 위해 호박을 즐겨 먹었다. 그 전통은 현재에도 이어져 병후 기력보강 음식으로 호박죽을 먹고 있으며, 임신 등으로 인한 다이어트 식품으로 호박이 애용되고 있다.

호박씨 역시 오래전부터 섭취되어 왔는데 호박씨는 단백질, 지방, 단백질, 칼륨, 칼슘, 비타민 B군, 비타민 E가 고루 함유되어 있는 식품이다. 특히 호박씨의 지방에는 머리에 좋다고 알려진 DHA의 전구물질과 레시틴이 들어있어 고혈압 등의 성인병의 예방효과가 있

고, 아이들의 뇌 발달에도 도움을 준다. 「생약도감」에 의하면 호박씨가 위암에도 효능이 있다고 평하고 있다.

이러한 호박씨는 땅콩 등과 섞어 엿강정으로 만들기도 하며, 쌀엿강정 등에 고명으로 사용하기도 한다.

한과에 사용되는 주요 콩류 재료들

대략 4천 년 전부터 재배되기 시작한 것으로 알려진 콩의 원산지는 한반도 북쪽 만주 남부지방을 포함한 동북아시아로 알려져 있다. 당시 그 지역은 북방의 기마민족인 맥貊족이라는 우리 민족의 조상이 살던 지역이므로 우리 선조들이 콩을 가장 먼저 재배하기 시작한 것으로 보아도 무방하다. 그래서인지 우리나라는 예로부터 콩으로 만든 음식을 많이 해먹었는데 그 중에서도 콩을 발효시킨 된장, 간장, 청국장, 두부 등은 지금까지 우리의 식탁을 지키는 건강음식이다.

콩으로 만든 음식들이 건강식품이 될 수밖에 없는 이유는 여러 가지지만 그 중에서도 고기에 비견될 만큼 풍부한 단백질의 함유를 손꼽을 수밖에 없다. 단백질의 함량이 높아 밭에서 나는 고기라고 할 정도로 영양가가 높은 식품인 콩은 육식을 하지 않아도 단백질을 보충하게 해 준다. 또한 콩의 성분에는 식물성 여성호르몬이 들어있어 여성의 갱년기 증상을 완화시키고 골다공증 등을 예방하는 효능이 뛰어나다.

이러한 콩의 종류로는 대두, 소두, 녹두, 완두콩, 강낭콩, 동부, 팥, 잠두, 검정콩, 리마콩 등이 있는데, 한과에서는 검은콩과 대두 등의 콩을 이용해 콩을 가루로 만들어 다식을 만들기도 하고, 볶은 콩으로 엿강정이나 엿을 만들어 먹는다.

노란콩

대두라고도 하며, 간장과 된장, 청국장을 만드는데 많이 활용되는 우리나라에서 가장 흔히 볼 수 있고 소비도 많은 콩류 중 하나이다. 리놀레산과 레시틴을 많이 함유하고 있어 콜레스테롤을 분해하는 효능이 있으며, 인삼에 다량 함유되어 있는 대표적 성분으로 알려진 사포닌도 들어있어 암 예방 효과도 가지고 있다. 지방 흡수를 억제하고 지방 세포의 크기를 작게 해주기 때문에 다이어트 식품으로도 좋다.

한과에서는 노란 콩으로 만든 콩물을 이용하여 유과 등의 한과 반죽에 사용한다.

검정콩

채소, 곡물, 과일 등의 색에 함유된 특별한 색소성분들이 우리 몸에 좋다는 것이 알려지면서 컬러 푸드가 유행이다. 그 중에서도 가장 주목받는 것이 블랙 푸드이다. 블랙은 자연의 색 중에서 그다지 많지 않은 색으로 희소성을 가지고 있기 때문이다.

검정콩은 블루베리, 가지 등과 함께 가장 대표적인 블랙 푸드로, 흑대두黑大豆라고도 불리는데 흑태, 서리태, 서목태 등이 속한다. 이 중 흑태는 검은콩 가운데 가장 크기가 큰 콩으로 콩밥이나 콩자반을 만들 때 많이 사용된다. 서리태는 겉은 검지만 속은 파란 콩으로 콩떡이나 콩자반, 콩밥 등에 사용되며, 볶아서 간식으로도 많이 먹는다. 서목태는 다른 검은콩에 비해 크기가 작은 콩이다. 쥐눈이콩, 약

한과에 사용되는 주요 콩류 재료들
(오른쪽 위부터 반시계 방향으로) 팥, 검정콩, 노란콩, 녹두, 청두

콩으로도 불린다. 한방의 약재로 많이 사용하던 콩인데 최근에는 밥에 넣어 먹거나 식초에 넣어 초콩을 만들어 먹는 사람도 많다.

이러한 검정콩들은 검은색을 내는 색소 등으로 인해 다른 콩들 보다 더 많은 노화방지 성분과 항암효과, 다이어트 효과가 높은 것으로 알려져 있다. 혈관을 확장시켜 혈압을 낮춰주는 비타민 E와 칼륨이 풍부하고, 혈관 근육을 부드럽게 해주는 칼슘도 많다. 노화방지와 항암효과 이외에도 빈혈과 치매 예방, 신장의 기능 향상, 염증제거, 탈모예방, 불면증 예방, 변비 예방 등의 다양한 효능도 있다.

이러한 검은콩을 과거 궁중에서는 장을 만드는데 사용하기도 했는데, 한과에서는 노란콩과 마찬가지로 엿강정을 만들거나 반죽을 위한 콩물 등으로 사용한다.

팥

팥 역시 콩류에 속하는 작물로 적두赤豆, 소두小豆라고도 한다. 우리나라에서는 쌀과 콩 다음으로 치는 오곡에 속하는 식품으로 팥의 붉은 색이 나쁜 기운을 몰아낸다고 여겨 귀히 여기고 많이 섭취해 왔다. 밥에 같이 넣어 팥밥을 만들어 먹기도 했으며 그보다는 팥죽을 끓여 먹거나 각종 명절과 제사에 팥을 고물로 시루떡을 만들어 먹는 일이 더 많았다. 시루떡 이외에도 팥을 앙금으로 한 떡도 많이 먹었다.

한방에서는 팥을 신장병과 각기병을 치료하는 주요한 약재로 사용하였는데, 부종의 개선과 비만, 수면 중 땀 흘림 현상, 변이 무른 현상 등에도 효능이 있는 것으로 알려져 있다.

탄수화물과 단백질의 함유량이 많아 에너지 공급이 충분한 식품이며, 쌀에는 부족한 비타민 B_1도 풍부해 쌀과 함께 먹으면 부족한 영양을 보충할 수 있다.

한과에서는 삶아 먹으면 단맛을 내는 팥으로 양갱을 만들어 먹었다.

녹두

콩류에 속하며 독특한 향기를 가진 녹두를 가지고 만든 음식은 청포묵, 빈대떡, 떡고물, 녹두죽, 녹두나물 등으로 생각보다 많으며 별미음식으로 오랫동안 사랑받아 왔다. 몸의 열을 내리고 체내 독성분을 제거하는 효능을 가지고 있기 때문에 녹두를 활용한 음식은 더위를 먹었거나 갈증이 심한 여름철 보양음식이기도 했다. 또한 녹두에는 신경을 안정시키는 성분이 들어있어 마음을 차분히 해주는 음식이기도 하다.

이러한 녹두를 물에 불려 맷돌에 갈은 후 가라앉은 앙금을 말려 가루로 만들면 우리가 잘 아는 녹말가루가 된다. 녹말가루는 여러 음식에 사용되지만 한과에서는 녹두 녹말을 사용하여 과편을 만드는 데 사용한다.

한과에 사용되는 주요 견과류 재료들

견과류는 식용되는 속 알맹이를 단단한 껍질이 감싸고 있는 과일류다. 땅콩, 잣, 아몬드, 호두, 파스타치오, 피칸, 마카다미아, 캐슈넛, 해바라기씨 등이 전 세계에서 널리 식용되고 있다.

견과류는 반찬, 디저트, 빵 등의 음식에도 다양하게 사용되지만 요즘 우리나라의 가정에서는 간식거리로, 건강식품으로 일부러 찾

아 먹는 경우가 많은데 이는 견과류가 건강에 매우 유익한 식품이기 때문이다.

견과류가 건강식품이 될 수밖에 없는 이유는 탄수화물, 단백질, 지방, 비타민, 무기질 등 각종 영양소가 빠짐없이 듬뿍 들어있는 영양의 보고라는 것이 첫 번째 이유다. 두 번째로는 함유된 영양소의 질이 매우 높은 것을 들 수 있는데, 견과류에 포함된 지방의 대부분은 혈관 건강에 좋은 불포화지방으로 콜레스테롤의 축적을 막고 혈관을 건강하게 함으로써 각종 성인병과 심장질환을 예방해 준다. 불포화지방은 뇌 기능을 향상시키는 것으로도 알려져 있다.

이러한 이유로 미국의 세계적인 시사주간지 '타임'은 견과류를 세계 10대 건강식품으로 선정했으며, 미국식품의약국은 견과류인 호두와 아몬드 제품에 '심장병 예방을 돕는다'는 문구를 표시할 수 있도록 허용했다.

견과류의 효능에 대한 연구도 활발히 이루어져 연구결과에 의하면 하루 약 28.4g의 견과류를 섭취한 사람의 경우 심장질환의 발생 위험이 20~60% 감소하는 것으로 나타났다. 미국심장학회의 발표에 따르면 1주일에 5회 이상 꾸준히 견과류를 섭취하면 협심증의 발병을 반으로 줄일 수 있다고 한다.

참고로 견과류는 몸에 좋은 음식이지만 칼로리가 높아 한 번에 너무 많이 먹는 것보다는 매일 조금씩 먹고, 공기 중에 방치한 채 오래 보관하면 산패가 될 수 있으므로 공기를 차단한 후 냉장 보관하거나 냉동 보관해서 먹는 것이 좋다.

우리 선조들도 오래전부터 견과류를 섭취해 왔다. 대표적으로 정월 대보름에 호두, 잣, 땅콩 등 딱딱한 견과류를 '부럼'이라 하여 깨물어 먹는 풍습이 있는데 이는 겨울철 부족하기 쉬운 영양분을 견과류를 통해 섭취하고자 한 조상들의 지혜가 담긴 풍습이라 할 수 있다. 또, 잣죽, 땅콩 죽 등 견과류를 죽으로 만들어 먹음으로써 원기회복 음식이자 보양식으로 섭취해 왔다.

한과에서 견과류는 엿강정을 만들어 먹거나 고명으로 많이 활용되어 왔다.

호두

견과류중 제일 단단한 껍질을 가지고 있는 호두의 알맹이는 사람의 뇌를 닮아있다. 그 모양새 때문은 아니겠지만 호두는 실제로 사람의 뇌 건강에 매우 좋은 음식으로 알려져 있다. 두뇌발달에 필요한 DHA 전구체뿐 아니라 뇌 기능의 저하를 예방해주는 불포화지방산,

항산화성분, 비타민 B군 등이 풍부하게 함유되어 있기 때문이다.

또, 식물성 식품이면서도 소화흡수가 잘되는 지방 성분을 다량 함유한 알칼리성 식품으로 몸속에 쌓여 있는 노폐물을 씻어내는 작용을 하며, 혈중 콜레스테롤의 양을 감소시키는 필수지방산이 많기 때문에 혈관 벽의 콜레스테롤 부착을 억제시켜주는 작용도 한다.

이러한 호두의 성분들은 어린아이와 성인 모두에게 좋은 것으로 꾸준히 섭취하면 뇌를 건강하게 만들고 노화방지에 효과적이며, 고혈압 등의 각종 성인병 예방에 도움을 준다. 더불어 열량이 풍부한 고단백 음식으로 체력을 보강해 주는 효과도 볼 수 있다.

식품으로서의 호두는 맛이 고소하면서도 특유의 향미를 가지고 있어 아이스크림이나 제과, 제빵 등의 원료로 많이 쓰이는데 갈아서 반죽에 넣기도 하지만 알갱이를 사용하여 맛과 향미, 식감까지 모두 살리기도 한다. 한과에서는 완전히 갈아서 사용하기보다는 호두의 온전한 알을 그대로 사용하여 호도정과를 만들거나 다른 한과의 고명으로 사용되는 경우가 많다.

잣

비타민 B군이 풍부하며, 철분 함유량이 많아 빈혈에 좋은 식품이다. 특히 한방에서는 폐가 건조하여 가래가 있을 때 먹으면 효능이 있다고 한다. 한과에서는 고명으로 많이 사용하며 잣으로 만든 엿강정인 백자편도 만들어 먹는다.

땅콩

땅콩에 가장 많이 들어 있는 성분인 불포화지방산은 많이 먹어도 살이 찌지 않으며 고혈압의 원인이 되는 혈중 콜레스테롤도 높이지 않는다. 뿐만 아니라 혈관 벽에 붙어 있는 콜레스테롤을 씻어내는 효과가 있어 혈관을 깨끗하게 만들어준다. 또한 비타민 B_1, 비타민 B_2, 비타민 E 등이 풍부하여 강장 및 스태미나 식품으로 높이 평가된다. 그중 비타민 E는 세포를 튼튼하게 하고 적혈구를 증가시키며 철의 흡수를 돕는다. 이 밖에 비타민 B와 레시틴, 아미노산이 풍부해 머리를 좋아지게 하며, 노화 방지의 역할을 한다.

다른 견과류와 비슷하게 한과에서는 엿강정을 만들어 먹거나 잘게 부수거나 부수지 않은 상태로 고명으로도 많이 활용한다.

아몬드

영양 밀도가 높은 식품으로, 칼슘 함량은 칼슘의 왕으로 통하는 우유의 2배에 달한다. 유해산소 제거, 생식능력 증강, 노화 억제 효과가 있는 비타민 E 함량은 견과류 중에서 으뜸이다. 섬유질과 마그네슘, 철분, 비타민 B_2 등이 제법 많이 들어있다.

호두, 잣, 땅콩 등 다른 견과류에 비해 우리나라에 유입된 시기가 늦으며 국내에서는 거의 재배되지 않는 식품으로 과거보다는 최근에 한과에 많이 사용되고 있다. 다른 견과류 및 곡물과 함께 엿강정을 만들거나 고명으로 활용한다.

참고로 아몬드에는 필수아미노산인 라이신이 거의 들어 있지 않아 아몬드만 섭취할 경우 입 안이 허는 헤르페스에 걸리기 쉽다. 이런 점에서 한과를 만들 때 영양을 생각하여 콩, 메밀 등 라이신이 많이 든 다른 식품과 함께 만들면 좋다.

한과에 사용되는 주요 과실류 재료들

한과라고 하면 보통 유과나 엿강정같이 바삭거리거나 조금 딱딱한 식감의 한과를 떠올리는 사람이 많다. 그에 따라 한과의 재료 역시 유과나 엿강정에 주로 사용되는 곡류나 견과류만을 생각하는 경우가 많은데, 앞서도 언급한 바 있지만 과자와 한과의 시초가 모두 과일에서 시작되었으므로 다양한 과실류가 한과의 재료로 사용되고 있다.

과실류라고 함은 과일만을 말하는 것이 아니다. 과수에서 열리는 열매를 모두 포함하므로 우리가 일반적으로 과일이라 부르는 감, 귤, 사과, 배 이외에도 대추나 밤, 유자, 모과 등도 과실류에 속한다.

우리 선조들은 예로부터 과실류를 이용한 한과를 많이 만들어 왔다. 요즘처럼 비닐하우스 등을 이용한 재배가 가능하지 않았고, 냉장고 등을 이용한 보관이 어려웠기 때문에 과일을 좀 더 오래 보관하고 과일을 먹을 수 없는 계절에도 섭취하기 위해서였다. 간단하게는 과실류를 말려 만든 것으로부터 과실을 익혀 설탕 등에 조린 것, 과실의 즙을 내어 설탕과 함께 끓이다가 녹말 물을 부어 식혀 만드는 젤리와 같은 식감의 과편 등이 모두 과실류를 이용한 한과의 모습이다. 또한 대추, 유자 등의 과실류는 한과의 멋을 살리는 고명으로도 사용되는 경우도 많다.

다른 한과의 재료들도 그렇지만 과실류는 특히 그 범위가 넓으며 앞으로도 얼마든지 또 다른 과실류로 만든 한과의 개발이 가능하다. 따라서 여기에 언급된 재료는 많이 사용되는 재료일 뿐이라는 점을 잊지 마시고 읽어주시길 바란다.

대추

대추는 우리나라에서 옛날부터 중요한 과일의 하나로 약용과 식용을 겸하여 재배되었다. 단맛과 아삭한 식감을 가지고 있는데 생으로도 먹고 말려서 건과乾果로도 먹는다. 한방에서는 노화를 방지하는 신비로운 생약 또는 식품으로 취급되어 왔는데 대추의 열매는 자양제, 신경안정제, 혈액정화제, 수피樹皮는 하제下劑, 뿌리는 하혈에 쓰였다.

대추의 영양성분으로는 단백질, 지방 등의 영양소 및 사포닌, 포도당, 과당, 다당, 유기산, 칼슘, 인 등 36종의 다양한 무기원소가 들어있다. 특히 비타민 C와 비타민 P가 풍부한데, 비타민 P는 비타민 C의 작용을 도와 노화를 막고 모세혈관을 튼튼하게 해줘 고혈압과 동맥경화 등 성인병을 예방한다. 또한 내장을 따뜻하게 보호하는 기운이 있어 감기에 잘 걸리는 사람이나 갱년기장애로 정력이 감퇴되는 사람이 대추차를 꾸준히 마시면 효과를 볼 수 있다. 비장과 위장이 허약해 식욕 부진, 소화불량, 설사 같은 소화기 계통의 질병이 있는 사람에게도 효과가 있으며, 간질환이나 복통 등 내장 관련 질병에도 좋다. 신경 안정 효과가 있어 히스테리나 불면증, 스트레스를 없애준다.

대추자, 대추죽, 대추술 등 다양하게 가공하여 먹을 수 있으며, 떡으로도 만들어 먹는데 대추주악이나 대추전병이 이에 속한다. 한과

대추와 밤

에서는 엿강정이나 유과에 사용하기도 하고 고명으로도 활용한다.

밤

밤 속에 다량으로 들어있는 당분은 체내에 들어가 경련을 진정시키는 작용을 하며, 여러 가지 음식물과 어울려 영양소의 흡수를 돕는다. 비타민 C가 많이 함유되어 있어 피부미용, 피로 회복, 감기 예방 등에 효과가 있는데, 생밤의 비타민 C는 알코올의 산화를 돕는 것으로 밝혀졌다. 또한 밤에 들어 있는 당분은 소화가 잘되는 양질의 당분으로 위장 기능을 강화하는 효소가 있으며, 배탈이 나거나 설사가 심할 때 군밤을 잘 씹어 먹으면 낫는다고 한다. 특히 최근에는 성인병 예방, 기침 예방, 신장 보호 등에 약효가 있는 것으로 알려져 있고 소화가 잘돼 가공식품 원료나 병후 회복식 또는 어린이 이유식 등으로 널리 이용되고 있다.

우리나라에서 밤을 먹는 방법은 다양하다. 생으로 먹기도 하며, 찌거나 구워먹을 뿐 아니라, 햇볕에 잘 말려 먹기도 하는데 생밤을 '생률', 햇볕에 말려 속껍질까지 벗긴 밤을 '황률'이라고 구분해서 말하기도 한다.

음식으로서는 죽으로도 만들어 먹으며, 밤밥을 지어 먹거나 떡 등에 넣어 먹기도 한다. 최근에는 밤을 가공하여 과자처럼 만든 상품도 개발되어 많이 팔리고 있으며 통조림처럼 만든 상품도 있다. 한과에서는 고명으로도 사용하며 밤다식, 율란, 밤초 등을 만드는 재료로 이용한다.

감

감은 우리나라를 비롯해 중국과 일본이 원산지인 과실로 크게 단감과 떫은감으로 나눌 수 있다. 떫은감은 땡감이라고도 하는데 우리나라에서 오래전부터 먹어 온 재래감은 거의 땡감이고 완전 떫은감과 불완전 떫은감, 불완전 단감으로 세분화되며, 단감은 일본에서 건너온 것이다.

떫은 생감을 따서 오래두면 색이 붉어지고 조직이 연해지며 홍시가 된다. 홍시는 고려시대 잔칫상 등에 오를 만큼 귀한 과일로 대접받았으며, 단맛을 내는 재료로도 많이 쓰였다.

곶감은 떫은맛이 있는 생감을 완숙되기 전에 따서 껍질을 벗긴 후 건조시킨 것이다. '건시'라고도 하는데 쫄깃한 식감에 단맛이 강하며 저장성이 매우 우수해 먹을 것이 별로 없는 겨울철의 별미였다. 곶감은 설사 특효약으로 인기가 높았으며, 노인이 토혈이나 각혈, 만성 설사, 혈뇨, 치질 등 출혈성 질환에 좋다고 알려져 있다.

곶감은 건과乾果이므로 크게 보면 과자의 일종이라고 할 수 있다. 수정과는 물론 떡을 만드는데도 이용되는 곶감은 씨를 제거하고 사등분한 곶감에 잣이나 호두 등을 박아 넣은 곶감오림이나 곶감호두쌈 등의 한과로도 만들어지며 고명으로도 사용된다.

유자

신라시대 장보고가 당나라에서 들여왔다고 알려진 유자는 비타민 C가 레몬의 3배 정도 들어있기 때문에 피로회복과 피부미용에 좋고 감기를 예방해 준다. 생으로 먹지 않고 유자청을 만들어 차로 마시는 한과는 국산 농산물이 주원료인 한국의 전통식품이다.

경우가 많으며, 잼과 식초로도 만들어 먹는다.

한과에서는 과편이나 정과를 만드는 재료로 사용하며 고명으로도 쓰고 있다.

그 밖의 과일들

감귤, 배, 사과, 살구, 모과 등 대부분의 과실류는 모두 얼마든지 한과에 사용될 수 있으며 사용되고 있다. 비타민의 함량이 풍부하고 수분이 많은 것이 특징인 과실류는 대부분 주스로 이용 가능하며, 차로 즐길 수 있고, 잼이나 식초로 만들어 먹을 수도 있는 등 활용이 다양하다. 빵이나 떡, 과자에 들어가기도 한다.

한과에서는 과편이나 정과를 만드는 주요 재료가 되며, 건조하여 과자로 즐기기도 하고, 청이나 말린 과일을 고명으로도 활용한다.

한과에 사용되는 주요 채소류 재료들

요즘은 서구화된 식생활로 인한 육류의 섭취 과잉으로 성인병 등의 문제가 우리나라에서도 심각하지만 우리민족은 원래 채식위주의 식단을 가지고 있었다. 산과 들에서 나는 온갖 채소류가 식용되었으며 그 수는 이루 헤아릴 수 없다. 채소류의 식용이 얼마나 많은지는 우리나라의 반찬문화를 보면 안다. 세계 어느 나라를 둘러보아도 우리나라처럼 많은 반찬이 상에 오르는 경우가 없는데 그 반찬의 대부분이 채소를 이용한 나물이니 채소의 다양한 활용만큼은 우리나라가 최고가 아닌가 싶다.

이처럼 채소의 식용이 많으니 한과에서도 채소류가 사용되지 않을 수 없다. 특히 정과에 채소류가 많이 사용되었는데 정과는 채소류를 가루내지 않고 통째로, 또는 도톰하게 잘라 만드는 것으로 채소가 가진 영양과 고유의 맛이 풍부하게 느껴지는 한과이다. 또한 약용으로도 쓰이는 채소류가 정과에 주로 사용됨으로써 건강식으로도 손색이 없다.

물론 정과에만 채소류가 사용된 것은 아니다. 더덕, 생강 등은 숙실과로도 많이 만들어졌으며, 숙실과 역시 재료가 되는 채소류의 맛과 영양을 간직한 건강한 한과이다. 이외에도 채소류는 한과의 색과 향을 내는 재료로도 많이 활용됐다. 한과의 색과 향을 내는 재료들은 뒤에 따로 언급할 것이므로 여기서는 주로 한과 중에서도 정과와 숙실과의 주재료가 되는 약성이 강한 채소 위주로 소개하려 한다.

인삼

사람을 닮았다고 하여 붙여진 이름 '인삼'은 예로부터 많은 전설을 가지고 있는 식품이다. 불로장생의 명약이라는 수식어가 늘 따라다니는 만큼 실제로도 그 효능이 무궁무진한데 최근에는 과학적으로도 그 효능과 성분이 밝혀져 전 세계적으로 주목받고 있다.

가장 주목받는 효능은 항암효과일 것이다. 인삼을 특별한 식품으로 만들어 주는 가장 큰 성분요소인 '사포닌'은 각종 암세포의 생성을 억제할 뿐 아니라 이미 발생한 암세포에 있어서도 감소효과를 보이는 것으로 알려져 있다. 이외에도 인삼은 대뇌피질흥분 억제 효과, 면역력 증강 효과, 혈당 강하 효과, 자양강장 효과, 항암효과, 항노

한과에 사용되는 주요 채소류 재료들

(위부터) 인삼, 도라지, 당근. 한과에서도 채소류가 많이 사용된다. 특히 정과에 채소류가 많이 사용되는데 정과는 채소류를 가루내지 않고 통째로, 또는 도톰하게 잘라 만든다. 또한 약용으로도 쓰이는 채소류가 정과에 주로 사용됨으로써 건강식으로도 손색이 없다.

화효과, 해독효과, 단백질합성촉진효과, 콜레스테롤 분해효과, 간세포 보호효과, 발모 촉진효과, 심장기능 강화효과, 피로회복 효과 등을 가지고 있다.

인삼은 가공하지 않은 상태의 수삼, 수삼의 잔뿌리인 미삼, 껍질을 벗겨 건조시킨 백삼, 수삼을 증기로 쪄서 건조시킨 홍삼 등으로 나뉜다. 모두 더 이상의 가공 없이 씹어 먹기도 하며, 차로 마시거나, 술을 담가 먹거나, 즙을 내어 주스로 먹거나, 꿀 등에 재어 먹는 등 다양한 방법으로 음용한다. 삼계탕 등을 끓일 때 넣어 먹기도 하며, 죽으로도 만들어 먹고, 반찬처럼 무쳐 먹을 수도 있다.

한과에서는 인삼을 주로 정과로 이용하는데 인삼의 모양을 손상하지 않고 통째로 정과로 만들기도 하며, 먹기 쉽게 적당한 크기로 잘라서 정과를 만들기도 한다. 인삼정과는 인삼 특유의 쌉싸래한 맛을 잃지 않으면서도 달달하고 인삼의 은은한 향기가 유지되어 인삼을 먹기 싫어하는 아이들과 인삼을 낯설어 하는 외국인들도 쉽게 인삼을 섭취할 수 있는 방법이다.

도라지

길경, 길경채, 백약, 질경이라고도 하는 도라지는 인삼에 들어있는 사포닌을 함유하고 있으면서도 인삼에 비해 가격이 저렴한 장점을 가지고 있는 식품이다. 도라지의 사포닌 성분은 진정, 해열, 진통, 진해, 거담, 혈당 강하, 콜레스테롤 대사 개선, 항암작용 및 위산 분배 억제효과 등 여러 약리효과가 있는 것으로도 알려져 있다. 날 것으로도 먹고 나물로도 무쳐 먹으며 도라지청이나 도라지술을 담가 먹는다. 자르면 흰색의 즙액이 나오며 쌉쌀한 맛을 가지고 있다. 한과에서는 도라지정과를 만들어 먹는다.

더덕

더덕의 다른 이름은 사삼沙參이다. 한자에 '인삼 삼'자가 쓰인 것에서도 알 수 있듯이 생긴 것도 인삼과 비슷하고, 성분에 있어서도 인삼에 들어있는 사포닌을 다량 함유하고 있어 건강음식으로 손꼽힌다.

향기가 좋고 맛은 달면서도 약간 쓴데 식용되는 부분은 더덕의 뿌리 부분이다. 산에서 캐어 생으로 먹기도 하고 양념하여 구워먹기도 하며, 청으로 만들거나 술을 담가 차나 술로 음용하기도 한다.

한과에서는 숙실과류의 일종인 섭산삼을 만들어 먹기도 하고 정과류의 일종인 더덕정과를 만들어 먹는다. 섭산삼은 더덕을 기름에 튀겨 만드는 한과이며, 더덕정과는 끓는 물에 더덕을 익혀 만든 한과이다. 이외에도 더덕을 오래 먹기 위해 튀긴 더덕을 꿀 등에 재어 놓고 두고두고 먹기도 했다.

당근

손쉽게 구할 수 있는 흔한 채소이지만 채소계의 인삼이라고 불릴 정도로 영양가가 높으며 몸에 좋은 효능을 가지고 있는 당근은 대표적인 옐로우 푸드 식품 가운데 하나이다. 당근이 주황색을 띠는 것은 '카로틴'성분 때문인데 당근에는 베타카로틴, 알파카로틴, 감마카로틴 등 다양한 카로틴 성분이 많이 포함되어 있다.

카로틴 성분은 우리 몸의 활성산소를 없애주는 항산화작용을 하

| 꽃당근 정과

여 노화를 방지하고 암세포의 발생과 증식을 억제하는 효능을 가지고 있다. 몸의 면역력을 향상시키고, 피부나 점막을 강하게 만드는 효과가 있어 피부미용에도 효과적이며 염증을 완화시켜 준다.

카로틴 성분 중에서도 당근에 가장 많이 함유되어 있는 것은 '베타카로틴'이다. 이 베타카로틴은 인체에 흡수되면 우리 몸이 스스로 생성해내지 못하는 비타민 A를 만들어낸다. 비타민 A는 시력을 보호하고, 야맹증을 예방해 줄 뿐만 아니라 피로회복에 효과적이다. 또, 혈압과 혈당, 혈중 콜레스테롤 수치를 낮춰 줌으로써 고혈압과 당뇨병, 동맥경화 등의 각종 성인병을 예방하는 효과를 가지고 있다.

이외에도 당근에는 비타민 B_1을 비롯해 비타민 B_2와 B_6, 비타민 C, 비타민E가 골고루 들어 있다. 당분과 칼륨도 풍부하며, 철분, 칼슘, 아연, 인, 엽산과 식이섬유, 펙틴 등도 다양하게 포함되어 있다.

생으로도 먹고 주스로도 먹으며, 나물과 전, 볶음요리, 찌개나 국 등의 각종 음식을 만드는데 다양하게 활용되는 당근의 가장 중요한 영양소인 베타카로틴의 원활한 섭취를 위해서는 기름에 볶거나 익혀 먹는 것이 좋다. 당근을 익혀 만드는 한과의 당근정과는 그런 면에서 당근의 영양을 제대로 섭취할 수 있는 과자이다.

그 밖의 채소들

채소류도 과일류와 마찬가지로 한과를 만드는데 있어 상상력과 창의력을 발휘하게 만드는 재료다. 그 종류가 매우 다양하기도 하거니와 주로 정과와 숙실과의 재료가 되는 채소류의 경우 모양이 참으로 아름답기 때문이다. 한 예로 연근의 경우 정과로 만들어 놓으면 연근 자체가 가진 구멍의 모양으로 인해 마치 꽃을 보는 것 같으며 무정과는 말랑말랑하여 다양한 모양으로 만들 수 있는 장점을 가지고 있다. 맛으로만 즐기는 것이 아니라 눈으로도 즐기는 음식인 것이다.

보기에 좋을 뿐 아니라 쉽게 상하기 쉬운 채소를 한과로 만들어 먹으면 생채소를 먹는 것보다 오래 두고 먹을 수 있으며, 채소를 싫어하는 아이들에게 채소를 섭취하게 하기에도 용이하다.

한과에서는 비트, 우엉, 죽순, 무, 연근, 생강, 무, 호박, 동아 등 매우 다양한 채소들이 사용되고 있어 채소마다 다른 영양소들을 고루 섭취할 수 있는데 전 세계적으로 채소를 주재료로 한 과자는 사실 보기 힘들다. 있다하더라도 우리나라처럼 다양한 채소를 활용하는 경우는 드물다. 그런 면에서 매우 자랑스러운 한과라고 할 수 있으며 앞으로도 계속 연구 개발하여 발전시켜나가야 할 과자라고 해야 하겠다.

세계의 과자 산책

중국의 대표 전통과자
월병

月餠

　못 먹는 것 빼고 다 먹는다는 말이 있을 정도로 음식재료에 있어 상상을 초월할 정도의 다양성을 가지고 있는 중국은 음식문화가 매우 발달한 나라이다. 국토가 넓어 지역마다 특색 있는 요리문화를 발전시켜 왔으며, 자신들만의 전통음식을 가지고 있는 소수민족들이 많고, 송나라, 당나라, 원나라, 청나라 등 시대마다 다른 왕조의 영향이 음식문화에도 영향을 미치는 등의 배경이 중국 음식을 더욱 발전시켜 왔다.

　그러나 셀 수 없이 많은 음식들, 민족마다 지역마다 다른 음식을 먹어 온 중국인들이지만 공통적으로 즐기는 음식은 있기 마련이다. 대부분의 중국인들이 빨간색을 좋아하는 것처럼 말이다. 중국의 대표적인 명절 음식이자 과자인 월병이 이에 속한다.

남송시대부터 전해지는 월병은 중국 최대의 명절인 중추절에 먹는 음식이다. 둥근 달의 모양처럼 만드는데 그 모양으로 인해 월병이라 부른다. 보통 밀가루를 주재료로 라드, 설탕, 물엿, 달걀 등을 섞어 뜨거운 물로 반죽을 하고, 그 속에 팥이나 콩으로 만든 소와 잣, 땅콩, 호두, 호박씨 등의 견과류, 밤, 수박, 배, 감 등의 다양한 말린 과일을 넣어 무늬가 있는 둥근 틀에 끼워 모양을 잡는다. 그리고 설탕이나 난황, 캐러멜 등을 표면에 발라 굽는 것이다.

이렇게 만든 월병을 가족 및 이웃들과 함께 나누어 먹으며 둥근달처럼 모든 일이 원만하게 흐르고 행복하기를 빌어주는 전통이 있다. 명절을 맞아 온 가족이 함께 모여 식탁에 둘러앉은 모습을 월병이 상징하기도 한다.

중국에는 이 월병에 관한 전설 같은 이야기가 꽤 많이 있다. 그중 중국인들이

가장 좋아하는 이야기는 명나라의 시조인 주원장이 당시 원나라의 폭정에 시달리는 백성을 구하고 한족의 나라를 부활시키기 위해 중추절을 거사일로 정하고 이를 뜻을 같이하는 지방호족 등에게 알리기 위해 중추절에 전통적으로 먹는 월병 안에 '음력 8월 15일, 중추절 밤에 난을 일으키자$_{八月十五日夜起義}$'라는 밀지를 넣어 결국 거사를 성공시킨 후 명나라를 건국했다는 것이다.

이 이야기에 중국인들은 자부심을 가지고 있으며 월병에 대한 자부심으로 이어지고 있다.

이러한 월병은 지역에 따라 모양과 맛의 차이를 보이기도 하는데 다진 고기나 햄을 속에 넣어 만든 월병도 있고, 지역마다 겉과 속의 비율, 부드럽고 바삭한 식감, 달달함의 차이 등이 지역별로 다르다. 누르스름한 표면을 가진 일반적인 월병과 다르게 하얀 표면을 가진 월병도 있다.

특이한 것은 우리나라 한과가 명절은 물론 각종 연회와 제사상에도 빠지지 않는 반면 월병은 전통음식이지만 연회음식에는 포함되지 않는다는 것이다. 또한 대부분의 중국인들이 최근에는 집에서 만들어 먹지 않고 월병을 사서 먹는다고 한다.

제 3 장

한과의 색, 향, 맛, 재료 이야기

Hangwa - the Sub-ingredients

한과의 색, 향, 맛, 재료 이야기를 하기 전에
한과의 색을 내는 자연 재료들
한과의 향을 내는 자연 재료들
한과의 단맛을 내는 자연재료들

세계의 과자 산책

일본의 화려함을 품은 전통과자 와가시

영덕에 살던 내가 서울로 올라온 것은 열아홉 살 무렵이다. 아는 분의 소개로 섬유회사에 취직하기 위해서였다. 요즘 시대야 대부분의 젊은이들이 대학에 진학하고, 대학졸업 후 군대까지 마치고 나면 남자가 사회생활을 시작하는 나이가 늦지만 내가 젊었던 시절에는 대학진학이란 있는 집 자식들이나 특별히 공부를 잘 하던 아이들이나 가는 것이고 대부분의 경우 십대 중후반 정도만 되면 스스로 밥벌이를 하기 시작했다. 머리는 좋은 편이었지만 공부보다는 돈 버는 일과 장사에 관심이 많았던 나는 부모님을 설득해 돈을 벌겠노라며 서울로 상경했다.

서울생활은 그리 녹녹하지 않았다. 외롭기도 했고, 사람에게 다치는 일도 있었다. 그래도 인복이 아주 없는 것은 아니었는지 이웃에 마음 좋은 아주머니가 살고 있어 이런저런 챙김을 받았다.

아주머니는 내가 썩 마음에 들었었나 보다. 요즘 젊은이에 비해서도 키가 작지 않은 나는 젊은 시절에는 상당히 큰 키를 가진 편에 속

했다. 덩치도 작은 편이 아니라 눈에 띄는 편이었는데 건강해 보이는 풍채와 성실하게 직장을 다니는 모습을 눈여겨보았던 아주머니는 나만 보면 빨리 결혼해서 안정된 가정을 가지는 게 돈 버는 일이라고 말씀하시더니 어느 날엔 선 자리까지 마련해 주셨다. 객지에서 고생하는 내가 외롭고 측은해 보이셨나 보다.

어른의 소개를 거절하기 힘들어 얼굴이나 한번 보고오자는 마음으로 선 자리에 나갔는데 지금 생각해보면 안 나갔으면 후회할 뻔 했다. 그 선 자리에서 만나게 된 사람이 오랜 세월 묵묵히 내 옆을 지켜준 지금의 아내이기 때문이다.

당시 아내의 형부는 한과공장을 운영하고 있었는데 아내는 첫선 자리에서부터 공장에서 만든 약과 몇 개를 신문지에 둘둘 말아 가지고 나왔다. 이야기를 나누며 먹게 된 그 약과가 그렇게 맛있을 수 없었다. 그 후로도 아내는 데이트가 있을 때마다 변함없이 약과를 정성스럽게 싸가지고 나왔고, 그 약과 먹는 맛에 빠져 계속 만나게 되었다. 그러다보니 나중에는 일주일에 한 번 만날 것을 두 번 만나게 되고, 두 번 만날 것을 세 번 만나게 됐다.

지금도 나는 약과 맛에 속아 결혼했다고 아내를 놀리기도 하는데, 약과 맛도 맛이지만 사실은 맛있게 먹는 내 모습을 놓치지 않고 매번 약과를 잊지 않고 싸오는 정성에 한 번 더 눈이 가고 그러다보니 정이 쌓이게 된 것 같다. 그렇게 정을 쌓아가던 어느 날 약과를 먹는 내 모습을 흐뭇하게 지켜보는 아내의 모습에서 어머니의 품과 같은 따뜻함이 느껴지며 '이 사람이다' 싶은 마음이 들어 결혼을 결심하게 되었다.

결혼 후 얼마 안 있어 아내의 형부, 나에게는 처형의 남편이 되는 동서의 권유로 한과공장 일을 돕기 시작했다. 공장의 관리 일을 돕고 있던 동서의 동생이 군대에 가면서 믿고 맡길 손이 부족했던 동서의 청이었다. 그동안 먹어보기만 한 한과가 만들어지는 과정을 처음으로 곁에서 지켜보게 되는 것은 놀랍고도 신기한 일이었다. 맛있게만 먹던 한과가 만들어지기 위해 들여지는 시간과 공에 깜짝 놀랐던 기억이 지금도 생생하다.

그래도 그때만 해도 내가 평생 한과 만드는 일을 할 줄은 몰랐는데 그게 계기가 되어 지금까지 한과 만드는 일을 하고 있으니 인생이란 참 묘한 것이다. 한과 맛에 빠져 만난 사람과 평생의 가약을 맺고, 또 그 결혼을 통해 한과에 푹 빠져 버렸으니 나는 결혼 한번으로 아내와 한과 두 가지 인생의 보물을 얻은 행운아라는 생각이 든다. 결국 한과는 정해진 내 운명이었던 모양이다.

한과의 색, 향, 맛, 재료 이야기를 하기 전에

각 나라의 음식과 음식문화들을 가만히 들여다보면 그 안에 문화와 예술이 스며있고, 역사가 담겨있으며, 국민성 또는 민족성까지 반영하고 있다는 것을 알게 된다. 프랑스의 정찬의 경우를 예로 들면 음식을 만드는 요리사는 마치 하나의 이야기를 만들듯이 정찬에 기승전결을 만들고, 주제를 부여한다. 또, 먹는 이들은 예술을 사랑하는 프랑스인답게 공연을 관람하듯 음식을 보고 먹는데 이는 프랑스의 왕족과 귀족들의 연회에서, 식사가 그들이 보고 즐겼던 공연의 일부가 되어 엔터테인먼트적인 요소를 가지고 있었음에 기인한다.

프랑스 정찬이 적은 양으로 끊임없이 이어지는 코스요리인 것도 프랑스 왕족과 귀족문화의 유산이다. 서민들의 삶과는 달리 풍요롭고 사치스러웠던 왕족과 귀족들은 음식을 쾌락의 하나로 여겼는데 보다 다양한 쾌락을 느끼기 위해 음식을 조금씩 다양하게 먹었다. 그들의 식사를 담당했던 요리사들이 프랑스 왕정의 몰락 이후 거리로 나오면서 왕족과 귀족들의 음식문화가 대중화되고 일반화되면서 오늘날의 프랑스 정찬의 모습을 만든 것이다.

이 외에도 프랑스 음식의 먹기에 아까울 정도로 아름다운 데커레이션이나 디저트를 보면 예술성이라는 것에 굉장한 자부심과 집착을 가진 프랑스인들의 면모가 드러난다. 또, 프랑스인들이 와인과 치즈, 빵을 식탁위의 성 삼위일체라고 부르는 데에는 프랑스 음식이 종교와 깊은 연관성을 가지고 발달한 것과 무관하지 않다. 지나치게 단 프랑스의 디저트에는 설탕이 귀했던 시절 설탕의 원료가 되는 사탕수수를 확보하기 위해 식민지를 확장하고 노예들을 혹사시킨 어두운 역사의 그림자가 스며있기도 하다.

그렇다면 한과에는 우리 민족의 무엇이 담겨있고, 말하고 있을까 생각해보지 않을 수 없다. 개인적으로 나는 한과가 자연을 말하고 있고, 자연을 존중한 조상의 지혜가 담겨있으며, 자연의 미를 표현하며, 자연이 우리에게 주는 혜택을 전하고 있다고 생각한다.

자연을 말한다는 것은 한과의 재료가 자연에서 비롯됨을 의미하기도 하지만 나아가 사용한 자연재료 그대로의 모습을 드러내는 음식이기 때문이다. 알다시피 한과는 인공적인 색소나 향이 전혀 사용되지 않는다. 이로 인해 재료의 맛과 향 등이 그대로 살아있다.

사람들이 인공적인 색소와 향을 사용하는 이유는 여러 가지가 있겠지만 재료의 낮은 품질과 모자란 맛 등을 가리기 위해서도 많이 사용한다. 마치 잘못된 그림에 덧칠을 해서 잘못을 가리듯이 말이다. 그러나 한과는 이러한 덧칠이 없어 사용한 재료의 품질까지도 그대로 드러나는 오직 자연이 준 재료의 힘으로 만들어지는 과자다.

물론 한과에도 색이 있고, 향이 있다. 그러나 그 색과 향마저도 자연의 재료에서 얻어내는 것이기에 딱 자연이 준만큼 색과 향으로 드러나니 자연과 가까운 음식인 것이다.

이처럼 자연을 솔직하게 품고 탄생하는 한과는 놀랍게도 만들어지는 과정에서 발효라는 과정을 거친다. 그리고 발효의 힘 등으로 어떤 방부제의 첨가 없이도 저장성이 높아진다. 이것은 자연에 내재된 과학의 힘이자 이를 알고 실천한 조상의 지혜다.

한과의 색은 또 어떤가. 완성된 한과를 보고 있노라면 그 은은한 색에 감탄하게 되고, 너무 치장하지 않아 정갈하면서도 때로는 과하지 않은 만큼의 꾸밈으로 딱 적당하다 싶은 만큼만 화려한 모습에 눈길이 간다. 수묵화나 수묵채색화 그림에서 느껴지는 여백의 미, 한복에 보이는 우아함 같은 우리민족의 단아한 미가 한과에도 그대로 투영된 것이다.

한과의 맛에도 우리가 생각해 봐야 할 조상들의 사고의 깊이가 담겨있다. 한과는 담백함이 돋보이는 과자다. 강한 맛이 별로 없다. 달아도 입안이 껄끄러울 정도로 달지 않으며, 짜지 않고, 지나치게 끈적거리는 경우도 없다. 식감에 있어서도 부드럽지만 바삭거리게, 바삭거리지만 너무 단단하여 이빨이 상하는 일은 없도록, 쫀득거리지만 질기지 않게 만들어진다. 아픈 사람도, 어린아이나 노인도 함께 나누며 어울려 모두 즐겨 먹을 수 있도록 먹는 이들을 고루 배려하는 마음이 담긴 것이다.

인삼, 생강 등 재료의 특성으로 인해 강한 맛을 낼 수 있는 것도 한과의 제조과정을 거치면 그 맛이 순해져 누구나 즐길 수 있는 음식으로 변모하니 자연의 조화를 거스르지 않고 자연과 더불어 살았던 선조들의 삶을 보는 것 같다.

이처럼 한과에는 자연의 이야기는 물론 한국의 미, 조상들의 사람을 대하는 마음, 자연과의 조화 등 매우 많은 이야기들이 담겨있다. 그것은 한과에 담겨있는 우리의 문화이자 사상, 성품이기도 하다. 이것들을 생각하며 다음의 한과의 맛과 색, 향 등에 사용되는 재료들을 살펴본다면 그 의미가 남다르리라 생각한다.

한과의 색을 내는 자연 재료들

나는 한과의 색을 생각하면 어쩐지 한복이 떠오른다. 너무 화려하기보다는 정갈하고 단아해 보이는 한복의 절제미와 곡선미가 색으로 표현된다면 한과의 자연스럽고 은은한 색이 되지 않을까 싶은 것이다. 튀는 멋이 아니라 우아한 멋, 진한 유화보다는 수채화나 수묵화를 닮은, 꽉 차있기보다는 여백으로 여유와 안정감을 주는 잔잔함의 미학이 한과의 색에 담겨있다.

한과의 색은 자연의 색을 그대로 살리고 있다. 사용한 재료의 색이 그대로 드러난다. 대부분의 경우 주재료의 색이 한과의 색이 되는데, 필요에 의해 주재료에 색을 내는 재료를 첨가함으로써 다양한 색을 내기도 한다. 이때 색을 내는 재료 역시 자연의 재료만을 사용한다.

색을 내는 방법은 기본적으로 색을 낼 수 있는 재료를 갈아서 가루로 만든 것을 반죽에 넣는 것이다. 다른 방법으로는 색을 내는 재료를 물에 넣어 색이 우러나게 한 후 그 물을 반죽 등에 넣어 사용하기도 한다. 따뜻한 기름에 색을 내는 재료를 넣어 기름에 색이 우러나게 한 후 그 기름에 한과를 튀겨 색을 입히는 방법도 있다.

이렇게 한과에 색을 입히는 이유는 여러 가지가 있다. 일차적으로는 보기에 좋고, 식욕을 증진시키기 위한 방법으로 색을 입히지만, 색을 내는 재료의 효능으로 한과의 신선도를 유지시키거나 저장성을 늘리기 위해 사용하기도 한다.

또한 우리나라의 전통음식들은 기본적으로 약식동원藥食同源, 다른 말로는 의식동원醫食同源의 사상을 담고 만들어진다. 이는 약과 음식은 근원이 같다는 것으로 음식으로 건강을 도모하고 병을 치료한다는 개념이다. 한과 역시 약식동원, 의식동원의 사상으로 만들어지는 음식으로 색을 내는 재료를 사용하는 것은 한과의 약리적 효과를 높이기 위해, 보다 몸에 좋은 음식으로 탄생시키기 위한 방편 중 하나이다. 예를 들어 하얀 찹쌀을 주재료로 만드는 유과의 경우 찹쌀로만 유과를 만들면 색은 하얗고 영양은 찹쌀의 영양만 들어가게 되지만 붉은 색을 내는 오미자를 보충하여 만들게 되면 보기 좋은 붉은 색을 띄며 오미자의 영양까지 섭취할 수 있는 유과가 되는 것이다.

이렇게 한과의 색을 내는 재료들은 보기에도 아름답고 영양 면에서도 우수한 한과를 만드는데 이를 위해 주재료와의 조화와 음식궁합을 고려하여 색을 내는 재료를 선택하는 것이 기본이다.

한과의 색을 내는 방법은 많은 경험과 섬세함이 요구된다. 자연의 재료에서 만들어지는 천연색소는 인공색소와 달라 조리과정과 시간의 경과에 따라 색이 변하거나 연하게 되기 때문이다. 또 색을 내는 재료에 따라, 재료의 양에 따라 색이 진하게 나타나기도 하고, 연하게 나타나기도 하며 겉으로 보기에는 검은콩처럼 보여도 산성을 띤 물에서는 붉은색을 내는 것도 있다. 지초처럼 그릇의 재질에 의해 변색이 되는 재료도 있다. 이처럼 자연의 재료로 색을 내는 데는 변수가 많아 시행착오도 많으며 그만큼 오래 축적된 노하우가 있어야 제대로 된 색이 나온다.

한과의 색을 내는 재료를 색깔별로 알아보면, 노란색을 낼 때에는 송화, 치자, 홍화, 율금 등이 주로 쓰인다. 붉은색은 오미자나 지초가, 자색에는 백년초가, 녹색은 승검초, 시금치가루 등이 사용된다. 계피와 간장, 꿀로는 갈색을 낼 수 있으며, 검은색을 내고 싶을 때에는 흑임자가루 등을 이용하면 된다.

이외에도 색을 내는데 사용할 수 있는 자연의 재료는 무궁무진한데 식물의 대부분이 색소를 포함하고 있기 때문이다. 따라서 앞으로도 자연을 활용한 천연색소는 무궁무진하게 연구 발전할 수 있는 분야이기도 하다. 이 점을 염두에 두고 한과에 사용되는 천연색소의 역

할을 하는 재료 중에서 가장 대표적인 것들을 좀 더 구체적으로 살펴보기로 하겠다.

송홧가루

송홧가루는 봄철에 소나무에서 나오는 꽃, 즉 송화의 가루로 노랗고 연두색을 띠며 매우 곱다. 이 송홧가루를 모아 식용으로 사용하는데 모으는 방법이 쉽지 않아 예로부터 귀하게 여겼다. 채취방법은 먼저 소나무에 핀 노란색의 송화를 따는 것이다. 딴 송화를 송홧가루가 날아가지 않도록 바람이 불지 않는 곳에 깨끗한 종이나 천을 깔고 펴서 널어놓으면 송화가 마르면서 저절로 송홧가루가 송화에서 떨어져 나온다. 이때 송화를 자주 뒤집어 주어야 고르게 마르면서 송홧가루가 잘 분리되어 나오는데 송화를 맨손으로 잡으면 송진이 묻어 비누로도 잘 지워지지 않으므로 비닐장갑 등을 끼고 뒤집는 것이 좋다.

송화에서 가루가 다 나왔다 싶으면 송화를 치우고 송홧가루만 모아 촘촘한 체로 걸러내 불순물을 제거한다. 그리고 걸러진 송홧가루에 물을 부어 저은 후 잠시 놓아두면 송홧가루는 물 위로 떠오르고 공해 등으로 인한 잔여 불순물 등은 밑으로 가라앉는다. 물위에 떠오른 송홧가루를 건져 올리고 불순물이 섞인 물은 버린 후 다시 송홧가루에 새물을 붓고 하는 과정을 두세 차례 반복한다.

물색을 보아 송홧가루가 깨끗이 씻어졌다 싶으면 송홧가루를 건져 올려 면포에 싸서 물기를 꼭 짠 후 널어 건조하게 말리면 식용으로 쓰이며 한과에도 쓰이는 송홧가루가 만들어진다. 건조 중간 중간 물 때문에 뭉친 송홧가루를 손으로 비벼 풀어주면서 말리면 건조도

| 치자와 오미자

잘 되고, 매우 고운 입자의 송홧가루를 얻을 수 있다.

  이렇게 만들어진 송홧가루에는 단백질과 무기질이 풍부하고, 비타민 C의 함유량도 많은데 음식에 섞어 넣으면 독특한 풍미를 자랑한다. 우리나라에서는 송화주, 송화차, 송화전을 만들어 먹었다. 면에 송화를 넣어 국수 등을 끓이기도 했다. 한과에서는 송홧가루에 꿀을 넣고 반죽하여 만든 송화다식과 송화강정이 대표적인 송홧가루를 이용한 음식인데 송화다식과 송화강정은 색이 은은하게 노랗고 향기로운 솔향이 나며 달짝지근한 맛을 가지고 있다.

치자

  치자는 치자나무의 열매로 다 익으면 노란색을 띤 붉은색이다. 우리나라에는 오백여 년 전에 전해진 것으로 알려져 있으며 한의학에서는 치자를 말려 약재로 사용한다. 신경을 안정시키는 성분을 함유하고 있어 신경의 예민함으로 생기는 두통, 불면증, 신경쇠약, 노이로제 등에 효과가 있으며, 타박상이나 가슴통증, 요통, 근육통, 두드러기, 구내염, 위장염, 해열, 여드름 등의 완화에도 효능을 발휘한다.

이 치자를 씻어 반으로 갈라 따뜻한 물에 담가놓으면 선명한 노란색으로 물이 드는데 이 물을 반죽 등에 포함하여 색을 내는 재료로 사용하면 아주 예쁜 노란색의 한과를 탄생시킬 수 있다. 참고로 물의 양에 따라 노란색의 농도를 조절할 수 있어 연한 노란색을 내고 싶으면 물을 많이 넣고, 진한 노란색을 얻고 싶으면 물의 양을 줄이면 된다.

백년초

백년초는 손바닥선인장의 열매로 백가지 병을 고쳐 백년초라 불리게 됐다는 설과 이 열매를 먹으면 백년을 산다 해서 백년초라 불리게 됐다는 설이 있을 정도로 많은 효능을 가지고 있는 식품이다. 제주도에서 자생하는 식물로 1976년에는 제주도 기념물 제35호로 지정되어 제주를 대표하는 식물 중 하나가 되었다.

예로부터 기관지 천식, 가래, 백일해, 변비, 각종 궤양, 관절염 등에 효능이 좋다고 알려져 민간요법과 한의학의 재료로 많이 사용되었으며 칼슘 등의 무기질, 식이섬유, 비타민 C와 폴라로이드 성분이 풍부하게 함유되어 있다. 이중 비타민 C는 알로에보다 5배나 많은 것으로 알려져 있다. 고혈압, 암 발생 억제, 노화 억제 효과 등이 있는 폴라로이드 성분 역시 칡뿌리, 호두, 생강보다 많이 들어 있다.

한과에서는 이 백년초의 자주색 열매를 수확하여 말린 후 가루를 내어 다식이나 엿강정, 유과 등에 사용하는데 백년초 가루를 섞어 만든 한과의 색은 홍색을 띤다.

오미자

오미자나무의 열매로 모양은 둥글고 붉은 색을 띠며 단맛, 신맛, 쓴맛, 짠맛, 매운 맛의 다섯 가지 맛을 모두 낸다 하여 오미자라는 이름이 붙여진 것으로 알려져 있다. 열매의 속에는 붉은색의 즙과 갈색의 종자가 들어있는데 붉은색의 과육에는 사과산이 많이 함유되어 있어 자양강장, 신장 기능에 좋고 피로 회복 및 감기 예방이 되며, 기침과 갈증 해소에도 효과적이다. 신경을 안정시키는 효과도 있어 스트레스 해소에 도움을 주고 집중력을 향상시켜주므로 수험생이나 무기력한 증상을 가진 이에게도 좋다.

오미자를 식용하는 방법은 대개 말린 오미자를 우려 차로 마시거나 술을 담가 먹거나 오미자 우린 물을 활용하여 화채 등의 음식에 활용하는 것이다. 한과에서도 오미자 우린 물을 주로 사용하는데 깨끗이 씻은 오미자를 찬물에 담가 놓으면 붉은색의 오미자 우린 물을 얻을 수 있다. 그 물을 면보에 걸러낸 후 오미자편, 오미자다식을 만드는데 사용하며, 이외에도 유과나 강정의 색을 내기 위해 이용한다.

참고로 오미자는 끓이거나 더운물에 우려내는 것보다는 찬물에 우려내는 것이 좋은데 오미자를 직접 넣어 끓이거나 더운물에 우려내면 쓴맛과 떫은맛이 강해질 뿐 아니라 영양의 손실이 있기 때문이다. 따라서 집에서 차로 오미자를 즐겨 먹을 때에도 오미자를 넣어 끓이는 것보다는 차가운 생수나 끓인 물을 차게 식힌 후 오미자를 넣어 우려먹는 것이 좋다.

승검초

승검초는 미나리과에 속하는 식물로 '신감채辛甘菜'라고도 불리는 우리나라 중부와 북부지방의 특산물이다. 승검초의 뿌리는 당귀로 한약재의 중요한 약재이기도 하다.

한과에서는 녹색을 낼 때 이 승검초를 많이 활용해 왔는데 승검초의 잎을 그늘에서 말린 후 가루로 만들어 주로 사용한다. 이때 가루를 그대로 반죽 등에 넣는 것이 아니라 비슷한 양의 더운물과 섞어준 후 찹쌀가루 등의 주재료에 넣어 반죽 등을 한다. 다식, 편片, 유과 등 다양한 한과에 승검초 가루를 넣어 만들고 있다.

지초

일반인들에게는 낯선 이름을 가진 지초는 '지치', '자초'라고도 불리는 다년생 풀로 매우 상서로운 식물로 여겼던 식물이다. 원래는 우리나라의 산과 들에 고루 자라는 식물이었으나 요즘은 깊은 산이 아니면 보기 힘들다. 지초가 '자초'라고도 불리는 이유는 지초의 뿌리가 자주색을 띠기 때문이다. 이 뿌리는 '자근'으로도 불리며 한의학에서는 간염이나 변비 등에 좋고 혈액순환에 도움을 주는 약재로도 많이 사용하고, 과거에는 만병통치약으로 여겨 민간의 상비약으로 구비되어 있었다.

한과에서는 이 지초가 붉은 색을 내는 재료로 사용되는데 특이하게도 건조하여 가루로 만든 후 물에 섞어 반죽에 넣어 사용하는 것이 아니라 따뜻한 기름에 지초를 담가 붉은 색을 내는 지초기름을 만들어 활용한다. 지초기름에 하얀 찹쌀강정이나 찹쌀유과 등을 튀겨내면 붉은색의 강정이나 유과로 탄생되는 것이다.

이러한 지초기름은 요즘 다이어트에도 효과가 있는 것으로 알려져 샐러드 등에도 이용되고 있다.

한과의 향을 내는 자연 재료들

우리나라는 딱히 향신료라고 부를 만한 것이 없다. 향을 내려는 목적을 가지고 일부러 강한 향을 내는 재료를 사용하기 보다는 음식을 만드는 과정에서 생선의 비린내 등 좋지 않은 냄새를 없애고 음식에 약간의 풍미를 더해 식욕을 돋우고 맛을 좋게 하려는 목적으로 사용되는 양념이 향신료를 대신하기 때문이다. 이렇게 사용되는 양념은 음식의 주재료가 가진 자연 고유의 은은한 향을 해치지 않으면서도 조화를 이룬다.

한과에서도 딱히 향을 내기 위해 재료를 사용하기 보다는 한과의 주재료 혹은 색을 내는 재료가 가진 고유의 성분이 향까지 내는 경우가 대부분이라 할 수 있다. 그중에서 굳이 향을 내는 재료를 꼽는다면 생강, 계핏가루, 귤피, 후추, 마늘 등 몇몇 재료가 다른 재료보다 고유의 향이 강하고 특색이 있어 향을 내는 재료라 할 수 있겠다. 물론 이 재료들의 맛과 향을 선호하는 이들은 일부러 이 재료들을 사용

| 생강과 계피

하거나 이 재료들로 만들어진 한과를 찾기도 한다.

또한 선조들의 경우 한과의 저장성을 높이기 위해 향이 나는 재료들을 사용하기도 했는데 생강과 계핏가루 등의 경우 살충력과 방부의 효과가 있기 때문이다. 약효를 위해서 사용한 경우도 있는데 생강과 계피처럼 매운 맛을 가진 재료는 소화의 효능이 있어 소화가 안 될 때 생강과 계피가 든 한과를 찾아 먹기도 했다.

귤피나 유자껍질 등은 향이 좋아 향을 즐기기 위해 재료로 사용하기도 했다. 한과에 귤피나 유자껍질을 넣으면 그 향이 오래 지속되어 향을 즐길 수 있을 뿐만 아니라 채를 썰어 사용하면 씹는 식감이 더해져 색다른 한과의 맛을 느낄 수도 있었다.

이처럼 한과에 색다른 향을 더하고 맛까지 업그레이드 시킬 수 있는 재료들은 찾아보면 한두 가지가 아닌데 아직까지 많이 쓰이고 있지는 않지만 매실과 살구 등도 좋은 향을 내는 한과의 재료가 될 수 있다.

우리나라 음식에 많이 사용되는 향이 강한 재료인 마늘 역시 한과의 재료가 되는데 서양의 음식에 마늘빵이 있듯이 다진 마늘을 유과 등을 만들 때 다른 재료와 함께 섞어 이용하면 생마늘을 먹을 때처럼 아주 강하지는 않지만 적당한 마늘 향과 마늘이 기름에 익으면서 강해지는 단맛으로 색다른 한과를 즐길 수 있게 해준다.

생강

우리나라에서 양념재료로 많이 쓰이는 생강은 '새앙'이라고도 불리는 뿌리채소다. 특유의 알싸한 매운맛과 향을 가지고 있으며 성질은 따뜻하다. 「고려사」에 생강이 왕의 하사품으로 쓰였다고 언급되어 있는 것을 보면 우리나라에서는 고려시대 이전부터 재배된 것으로 보인다.

생강은 매운맛을 내는 진저론 성분 등이 함유되어 있으며 몸을 따뜻하게 하고 혈액순환을 도우며 소화기능을 활성화시키는 효능을 가지고 있다. 구토와 설사를 멎게 하며 해독작용이 있어 항염증과 진통효과, 감기의 예방 및 치료효과도 있다.

우리나라에서는 생으로 채를 썰거나 갈아서 김치 등의 음식을 만들 때 양념 재료로 많이 사용하며 건강을 위해 차나 술로 만들어 즐기기도 한다. 요즘에는 건조하여 가루로 사용하는 경우도 많으며, 소스 등에 이용하기도 한다.

양념재료로서의 생강은 다른 재료와 조화를 이루면서도 자기의 맛과 향을 은근히 내비치는데 이러한 생강의 특징을 빌어 이율곡 선생은 '화합할 줄 알며 자기 색을 잃지 않는 생강이 되어라'는 말을 하기도 했다.

한과에서 생강은 설탕에 재어 건조시킨 편강, 숙실과의 일종인 강란 등으로 사용되는데 모두 생강의 은은한 향을 즐길 수 있는 과자들이다. 생강의 향은 살충효과와 방부제 효과도 가지고 있어 비교적 오래 두고 먹을 수 있다.

계피

후추, 정향과 함께 세계 3대 향신료의 하나로 꼽히는 계피는 계수나무의 껍질이다. 맛이 맵고 독특한 향을 가지고 있는데 우리나라에서는 생강 등과 함께 수정과의 주재료와 약재 등으로 많이 사용되어 왔다.

혈액순환을 촉진하고, 소화기능을 활성화시키며, 살균과 항염증의 효능을 가지고 있고, 방부제 역할을 하기도 한다. 식욕증진과 해열, 진통의 효과도 있다.

한과에서는 밤을 삶아서 만드는 율란에 잣이나 계핏가루를 묻혀 완성한다. 또한 과줄이나 약과를 만들 때에는 바르는 즙청꿀에, 약식이나 삼색주악, 개성주악 등을 만들 때에는 소에 계핏가루를 첨가하여 한과를 만들기도 한다.

귤피

지금은 매우 흔한 과일인 감귤류는 과거에는 제주에서만 나는 특산물로 임금에게 올리는 귀한 음식이었다. 색이 노랗게 예쁘며, 맛은 시고도 달고, 향까지 좋아 한과에도 많이 사용되었는데 오래두고 먹기 위해 꿀에 재어 귤병을 만들거나 정과 등의 재료로 쓰였다.

귤피는 귤의 껍질로 '진피'라고도 한다. 귤 알맹이와 달리 맛이 약간 맵고 쓰며 성질이 따뜻한데 독이 없고 진한 향기를 가지고 있다. 차로 만들어 많이 마셨는데 기침, 가래 등을 가라앉혀주는 등 감기의 예방과 치료에 효과가 있고, 가슴의 답답함과 더부룩한 증상에도 도움이 된다. 위 운동을 활발하게 하여 소화기능을 촉진시키기도 한다.

이러한 귤피는 차 이외에도 약재로도 많이 활용되었다. 한과에서는 꿀 등에 재운 귤피를 잘게 채 썰거나 다지거나 귤피가루를 내어 유과나 엿강정 등에 섞어 사용하는데 색이 예쁘고 향도 좋다.

귤피를 만드는 방법은 귤껍질을 벗겨낸 후 농약이나 먼지 등을 제거하기 위해 소금물 등으로 깨끗이 씻고 껍질 안쪽에 붙어있는 하얀 내과피를 모두 벗겨낸 후 그늘에서 말리고, 다시 종이봉지 등에 넣어 습기가 없고 통풍이 잘되는 곳에 매달아 두면 된다. 이때 바짝 말리지 않고 습기가 제거되지 않으면 시간이 지날수록 곰팡이 등이 생겨 오래 보관할 수 없다. 완성된 귤피를 꿀이나 설탕 등에 재어 놓는 것이 저장성을 높이는 방법이다.

한과의 단맛을 내는 자연재료들

한과를 먹어보면 알겠지만 단맛이 지나치게 강하기보다는 질리지 않을 정도로 딱 적당한 단맛을 가지고 있다. 이는 서양의 과자나 빵에 단맛을 내는 재료로 설탕이 주로 사용되는 것과 달리 한과는 설탕과 더불어 꿀과 조청 등을 섞어 사용하기 때문인데 꿀과 조청은 설탕 못지않은 단맛을 내지만 그 맛의 질감이 강하기보다는 부드러워 자극이 덜하고 설탕보다 조금 넣어도 단맛을 충분히 발휘하며, 영양 면에서 설탕보다 훨씬 뛰어나다는 장점을 가지고 있다.

그래서 한과에서는 설탕만으로 단맛을 내기보다는 조청과 꿀을 적절히 섞어 조화로운 단맛을 내는데 설탕과 조청, 꿀 등 단맛을 내는 재료들의 비율 등이 한과의 품질과 맛 등을 결정하는 중요한 요소가 된다.

꿀

중국의 송나라를 통해 설탕이 들어오기 전까지 우리나라에서 단맛을 내는 재료로 사용된 것은 오직 꿀이었다. 예나 지금이나 인공적으로 만들어지는 것이 아니라 자연에서 채취해야 하는 꿀은 귀한 음식이었기 때문에 한과 등 고급 음식을 만드는데 사용되어왔고 약으로도 먹었다.

꿀은 크게 두 가지 방법으로 채취하는데 아카시아 등의 꽃에서 꿀을 얻거나 꽃에서 꿀을 얻어 모아둔 벌의 벌집에서 꿀을 얻는 것이다. 벌집에서 채취한 꿀을 벌꿀이라고 한다.

꽃에서 채취한 꿀은 채취한 꽃의 종류에 따라 밤꿀, 아카시아꿀, 메밀꿀, 유채꿀, 잡꿀 등으로 구분되는데 꽃이 다르므로 영양성분에 있어서도 조금씩 차이가 있다.

벌꿀 역시 함유된 꽃가루에 따라 색과 맛, 영양성분이 다른데 가

꿀과 조청

꿀과 조청은 설탕 못지않은 단맛을 내지만 그 맛의 질감이 강하기보다는 부드러워 자극이 덜하고 설탕보다 조금 넣어도 단맛을 충분히 발휘하며, 영양 면에서 설탕보다 훨씬 뛰어나다는 장점을 가지고 있다.

장 좋은 벌꿀로 여기는 것은 로열젤리라 불리는 벌꿀로 여왕벌의 음식물이 되는 꿀이다. 로열젤리에는 필수 아미노산 10여 종을 포함, 양질의 단백질과 지방산, 각종 비타민, 무기질 등이 들어있어 면역력을 강화시키고 생체에 활력을 부여하며 성장을 촉진할 뿐 아니라 항암작용, 항균작용, 노화방지작용, 혈액순환 개선작용 등을 하는 것으로 알려져 있다.

고대 그리스신화에 의하면 제우스가 꿀을 먹고 자랐다고 했으며 꿀을 신들의 음식이라고 표현했는데, 그만큼 꿀의 역사는 오래되었고 그에 관한 이야기도 많다. 한 가지 예를 들자면 로마교황 비오 12세가 위독하였을 때 로열젤리를 먹고 병이 나았다고 한다.

이러한 꿀은 한과에서도 많이 사용되는데 주로 한과의 마지막 제조과정인 즙청에 꿀을 이용한다. 꿀을 묻힌 한과는 맛도 있지만 꿀의 방부효과로 방부제를 넣지 않아도 저장성을 높여주는 효과도 가지고 있다.

조청

오랜 세월, 그러니까 고대로부터 조선시대에 이르기까지는 꿀로 단맛을 내는 것이 보통이었는데 조선시대에 조청이 개발되면서 꿀과 함께 단맛을 내는 주요 재료로 사용되었다. 조청造淸이라 함은 자연에서 얻은 꿀을 '청淸'이라고 한데 빗대어 만들어진 꿀이란 의미를 가진 명칭이다. 구하기 힘든 꿀과 달리 조청은 주변에서 쉽게 구할 수 있는 곡류 등을 엿기름으로 삭힌 후 졸여 꿀처럼 만드는 것인데, 집에서도 만들 수 있는 조청의 탄생으로 한과는 물론 떡 등 여러 음식들에 단맛을 내는 일이 쉬워진 만큼 널리 사용되었다.

조청은 거의 모든 곡류로 만들 수 있지만 그 중에서도 찹쌀, 멥쌀, 수수 등을 주로 사용한다. 고구마나 옥수수도 조청을 만드는 주요한 재료 중 하나다. 곡류건 채소건 전분을 함유한 것이라면 모두 조청으로 만들 수 있다.

만드는 방법은 찹쌀을 예로 들면 하룻밤 물에 담가둔 찹쌀을 건져 물기를 뺀 후 가루를 내고, 이 찹쌀가루에 엿기름물을 부어가며 눌어붙지 않도록 저으며 끓이고, 미지근하게 식힌 후 다시 엿기름물을 부어 삭히는 것이다. 삭힌 찹쌀가루가 들어간 엿기름물을 다시 한 번 끓여 면주머니에 넣어 짜고 체에 거른 후 찌꺼기는 버리고 남은 엿물만 약한 불에 걸쭉하게 될 때까지 졸여주면 조청이 된다.

이것은 곡류에 함유된 전분을 가열을 통해 호화糊化시키고 엿기름을 섞어 당화시킨 후 농축하여 조청으로 만드는 과정이다. 이렇게 만들어진 조청은 항아리 등에 담아 오래 보관할 수 있어 한번 만들어 놓으면 두고두고 쓸 수 있다.

주의할 것은 조청을 만들 때 너무 졸이면 엿물이 조청이 아닌 엿이 되므로 주걱에 떠서 비스듬히 기울였을 때 실처럼 늘어지면서 굳어지기 전에 불을 꺼야 한다는 것이다. 불을 언제 끄느냐에 따라 조청의 굳기나 걸쭉함이 달라지며, 불을 끈 상태의 조청은 아무리 식혀도 엿처럼 굳어지지 않는다. 또 엿기름물은 한번 끓어 넘치기 시작하면 걷잡을 수 없으므로 항상 끓어 넘치지 않도록 주의해야 한다.

조청의 장점은 여러 가지다. 단맛이 강하지만 설탕과 달리 칼로리가 낮고, 혈당을 올리지 않으며, 재료로 사용한 곡물 등의 성분을 가지고 있어 영양이 풍부하다. 또, 장의 독소와 노폐물을 제거하고, 소화를 돕는 효능을 가지고 있어 건강하게 단맛을 섭취하게 해준다.
　한과에서는 조청을 약과와 유과 등의 즙청에 많이 사용하고 있다. 한과가 소화가 잘 되는 이유에는 조청의 역할도 크다.

세계의 과자 산책

일본의 화려함을 품은 전통과자
와가시

和菓子

일본은 떡과 과자를 통칭하여 '와가시和菓子'라고 하는데, 한자를 보면 알겠지만 우리나라에서는 '화과자'라고 부른다. 화과자의 특징은 모양과 색이 매우 화려하다는 것이다. 그래서 화과자의 첫 맛은 눈으로 즐기고, 끝 맛은 혀로 즐긴다

는 말이 있는데 대부분의 화과자는 손으로 정교하게 만든다. 또한 단맛이 강해 녹차 등의 차와 함께 즐기는 것이 보통이다.

개인적으로 화과자를 처음 맛보았을 때가 기억난다. 내 경우 화과자의 첫 맛은 제법 즐겼지만 끝 맛은 과히 즐기지 못했다. 한과와는 다른 화려한 색과 아기자기한 모양이 신기해 잠깐 눈을 주긴 했지만 곧 그 화려함이 과한 것이 아닌가 생각이 들며, 맛은 어떨까 호기심을 품고 먹어보았는데 질릴 정도의 단 맛에 하나를 먹기도 버거웠다. 내가 먹은 화과자가 유달리 달았는지도 모른다.

화과자의 역사는 중국의 불교문화의 유입과 함께 역시 중국의 불교에서 공물로 바쳤던 당과자唐果子가 들어오면서 시작되었다고 알려져 있다. 이후 곡물의 가공 기술이 발달하고 서양문물과의 교류가 시작되면서 점차 다양한 화과자가 탄생하게 되었다. 현재 일본의 화과자 종류는 지역별로 전통적인 화과자도 있고, 젊은이들의 입맛에 맞게 개발된 퓨전 화과자가 개발되는 등 너무나 다양하게 존재해 수를 셀 수 없는데 전통적인 화과자의 주요재료는 찹쌀가루, 밀가루, 팥, 설탕, 한천 등이다.

화과자는 크게 수분함량에 따라 수분함량이 가장 많은 생과자인 나마가시生菓子, 수분함량이 나마가시보다 적은 반생과자인 한나마가시半生菓子, 수분함량이 거의 없는, 건조시킨 건과자인 히가시干菓子 등으로 나뉜다.

생과자인 나마가시는 우리나라의 떡과 비슷한 형태의 과자이다. 대표적으로 네리키리練リ切リ가 있는데 찹쌀과 팥앙금으로 아름다운 모양과 색을 갖추고 있다. 이밖에도 우리나라에도 잘 알려진 모찌라고 불리는 찰떡 등이 여기에 속한다.

반생과자인 한나마가시 중에 우리에게 익숙한 것은 팥앙금으로 만든 양갱과 찹쌀가루를 얇게 튀겨 만든 과자껍질 안에 팥앙금 등 다양한 소를 넣은 모나카 등이 있다.

마지막으로 건조과자인 히가시는 오래 보관할 수 있는 장점을 가지고 있는데 볶은 곡식 등을 시럽에 버무린 오코시, 쌀가루나 밀가루 반죽을 얇게 밀어 구워 낸 과자인 센베이 등이 있다.

일본의 화과자에서 부러운 것은 전통이다. 일본인들은 대를 이어 음식을 만드는 것을 자랑으로 여기며, 그렇게 만들어진 음식을 많이 찾아 먹는데 이러한 점은 한과를 비롯하여 모든 전통문화가 대중적으로 사랑받지 못하는 우리의 현실을 반성하게 한다.

제 4 장

만드는 방법에 따라 달라지는
한과의 종류

Hangwa - the Branches

무궁무진 한과의 종류

고품격 한과 유밀과

한과의 꽃, 유과

예술과 예禮를 담은 건강한 한과, 다식

과일로 만든 한과, 숙실과

젤리와 비슷한 색 고운 한과, 과편

투명한 아름다움을 간직한 한과, 정과

건강하게 단단한 한과, 엿강정

세계의 과자 산책

과자와 케이크 사이, 미국의 생과자 브라우니

동서가 운영하는 한과공장에서 일하게 되었지만 처음부터 한과를 만드는 일을 배우고 한과를 만드는 일에 참여할 수 있었던 것은 아니다. 재료의 선택에서부터 한과를 만드는 과정과 비법 등은 회사의 사운을 결정할 수도 있는 기밀 중의 기밀이었기에 신입사원이나 마찬가지였던 내가 그 기밀을 함부로 들여다볼 수는 없었다.

당연한 일이다. 지금도 오래된 종갓집에서는 대대로 내려온 장 담그는 법, 술 담그는 법 등을 함부로 타인에게 전수하지 않는다. 시어머니가 꼭꼭 비법을 쥐고 있다가 때가 되었다고 느껴질 때 하나하나 차근차근 오직 맏며느리에게만 전수할 뿐이다. 동서의 후계자는 군대에 간 동생이었기에 내게는 주로 관리자로서의 일들이 주어졌다.

그런데 일을 하면 할수록 나는 한과가 어떻게 만들어지는지 알고 싶은 마음이 간절해졌다. 그 전까지 한과와는 무관한 삶을 살았고 한 번도 한과 만드는 일을 해보겠다는 생각을 한 적도 없는데 왜 그런 마음이 들었는지는 모르겠다. 안 가르쳐주자 호기심이 더 발동해 그랬던 것도 같고, 관리라는 직책은 어딘지 따분해 보이는 것에 비해 한과를 만드는 일은 무언가를 만들어 낸다는 측면에서 창조적인 일처럼 느껴져 부러웠던 것도 같다. 아내의 손에 들려 온 맛있었던 한과가 코앞에서 만들어지고 쌓여 가는데, 여전히 그것이 어떻게 만들어져 그 기막힌 맛을 내는지 모른다는 답답함이 어느 순간 꼭 한과를 만드는 방법을 배워야겠다는 오기로 발전하고 있었다.

   사람에게 운명이란 것이 있어 어느 순간 운명이 부르면 그 소리에 속절없이 끌리게 되는 경험을 하게 되는 것인지도 모른다. 어떻게든 한과 만드는 일을 배우고 싶어 오며가며 훔쳐보고, 동서와 아내는 물론 오래된 공장 직원들에게 이것저것 질문을 하며 조금씩 한과 만드는 일을 알아가기 시작한 내가 그랬던 것 같다. 한번 한과에 대해 알고자 작심하니 이 방법 저 방법 가리지 않게 되었다. 이런 내 열정이 동서에게도 전해졌는지 점차 한과 만드는 일에 참여할 수 있게 되었고 숨지 않고도 한과에 대해 배울 수 있게 되었다.

   나는 한과에 대해 스펀지처럼 빨아들이기 시작했다. 그냥 먹기만 할 때는 잘 몰랐는데 재료의 선정에서부터 사람 손이 닿는 일련의 과정의 차이에 따라 품질이 달라지고, 생각보다 오랜 공정을 거쳐 탄생하는 한과의 모든 것이 매혹적이었다. 무엇보다 덩치만큼 커다란 내 손으로 만들어진 한과를 보고 있자면 나도 이런 것을 만들어 낼 수 있다는 신기함과 내가 만든 한과를 맛있다고 말해주는 것을 듣는 기쁨은 이루 말할 수 없이 컸다.

   그렇게 만든다는 것의 즐거움과 누가 먹는 모습만 봐도 배부르다는 느낌을 알게 해준 동서의 한과공장에서 보낸 2~3여 년의 시간은 내겐 꿈과 같은 시간이었다. 한과에 대한 기초지식과 기술의 바탕을 탄탄하게 다질 수 있었고, 한과와 함께 미래를 걸어 나가야겠다는 결심이 싹텄다. 한편으로는 고정화된 한과의 재료와 모양, 대중화되지 못하고 점점 명절이나 제사 등에만 국한되어 사용되어지는 한과의 사용용도에 대한 불만이 씨앗처럼 자라기 시작한 것도 이 때인 것 같다.

이후 동서의 후계자인 동생이 군대복무를 마치고 돌아왔고 나는 자연스럽게 한과공장을 나와 독립을 하게 되었다. 한과 만드는 일을 평생의 업으로 삼아야겠다는 뜻과 새로운 한과에 대한 남모를 열망을 지닌 채.

무궁무진 한과의 종류

한과는 만드는 방법에 따라 그 종류가 크게 7가지로 구분될 수 있는데 유밀과, 유과, 숙실과, 다식, 과편, 정과, 엿강정이 그것이다. 7가지 한과의 종류 아래 다시 모양이나 재료 등에 따라 다양한 한과가 존재하는데 그 종류는 셀 수 없이 많다. 예를 들어 유밀과의 가장 대표적인 것은 우리가 잘 알고 있는 약과인데 만드는 방법에는 별 차이가 없지만 만들어진 모양이 꽃 모양이면 꽃약과, 네모진 모양이면 모약과로 분류될 수 있다. 정과의 경우에도 만드는 방법에 큰 차이가 없지만 사용한 주재료가 인삼이면 인삼정과, 당근이면 당근정과로 불리는 식이다.

이처럼 모양과 재료에 따라 한없이 그 종류가 늘어날 수 있다는 것은 앞으로도 새로운 재료와 모양의 창의적인 한과가 계속해서 탄생할 수 있다는 점에서 한과의 장점이지만 한과에 대한 정리를 할 때에는 난해한 면이 있다. 수많은 한과 중 무엇을 취사선택하여 언급을 할 것인지 고민되는 것이다. 더불어 앞에서 한과를 만드는 방법에 따라 7가지로 분류될 수 있다 하였지만 이것 역시 딱 하나로 정해져 있는 분류방법은 아니어서 고민이 없다할 수는 없다.

예로 우리나라의 옛 문헌에 드러난 한과의 종류를 살펴보면 유밀과류 37종, 유과류 68종, 정과류 51종, 다식류 28종, 과편류 12종, 엿강정류 6종, 당류 53종 등으로 약 250여 종의 다양한 한과가 있는데 이도 책마다 약간의 차이가 있다. 한과의 분류에 있어서도 마찬가지로 전해지는 문헌마다, 또는 현재 한과를 연구하거나 한과 관련 일에 종사하는 사람마다 분류가 다른데 조선후기에 지어진 우리나라 전통음식을 다룬 최초의 우리말 요리서로 알려진 「음식디미방」에는 한과의 종류가 크게 다식, 약과, 강정, 빙사과 등으로 구분되어 있고, 또 다른 조선요리책인 「조선무쌍신식요리제법」에는 숙실과, 유밀과, 다식, 과편, 정과, 유과로 분류되어 있다. 또, 1976년경에 나온 「한국요리백과사전」에는 강정, 유밀과, 숙실과, 과편, 정과류, 다식, 각색엿, 엿강정류 등의 분류가 있다.

생각 끝에 우선 한과의 종류를 구분하는 큰 틀은 만드는 방법에 따라 유밀과, 유과, 숙실과, 다식, 과편, 정과, 엿강정 7가지로 하기로 했다. 그리고 이 분류 방법에 의거해 한과에 대한 이야기를 펼치고 보다 세세한 한과의 종류에 대해서는 따로 말하는 것이 좋겠다는 결론을 내렸다.

이렇게 하기로 한 것은 만드는 방법의 차이에 따른 한과의 종류를 7가지로 구분한 큰 틀의 경우 약간의 차이는 보일망정 대체로 한과에 관련된 일에 종사하거나 연구하는 사람들의 의견차가 크지 않은 구분 방법이기 때문이다. 또한 대부분의 한과가 결국엔 한과의 큰 줄기인 유밀과, 유과, 숙실과, 다식, 과편, 정과, 엿강정 등 7가지 만드는 방법과 그에 따른 특징 등에 속하기 때문이다.

이러한 점을 참고해서 한과의 전체적인 그림, 혹은 대표적인 그림을 본다는 생각으로 한과의 종류에 대한 만드는 방법적 분류인 유밀과, 유과, 숙실과, 다식, 과편, 정과, 엿강정 이야기를 읽어주시길 바란다.

고품격 한과 유밀과

유밀과 油蜜菓 는 예로부터 한과 중에서 가장 사치스럽고 고급스러운 제품으로 꼽힌다. 주재료는 밀가루인데 밀가루에 꿀과 기름을 넣어 반죽해서 모양을 만들고, 기름에 튀긴 다음 다시 즙청을 한다. 즙청이란 꿀을 바르고 계핏가루 등을 뿌려 재워두는 것을 말한다. 사용되는 꿀이나, 기름, 계핏가루 등이 모두 과거에는 매우 귀한 식재료였으므로 사치스럽고 고급음식으로 대접받은 것이다.

귀한 음식답게 국가의 큰 행사나 연회, 각종 제사상에 유밀과는 빠지지 않고 올려졌으며, 혼례의 납폐음식 등으로 사용되었다. 앞서 말했지만, 그 맛이 좋고 모양이 예뻐 고려시대에 이미 중국에까지 널리 알려졌는데 중국에서는 고려의 유밀과를 고려병 高麗餠 으로 불렀다.

이러한 유밀과를 만드는 방법은 거의 유사하지만 모양에서는 차이를 보이며, 그 모양에 따라 세분하여 약과, 다식과, 만두과, 모약과, 매작과, 차수과, 타래과, 요화과, 박계 등으로 나누어 부른다. 또 한편으로는 약과, 다식과, 만두과, 모약과는 모두 약과라고 통칭하여 부르기도 한다.

약과라고 불리는 약과, 다식과, 만두과, 모약과의 차이점을 살펴보면 약과는 반죽한 것을 손으로 빚어내거나 약과판을 이용하여 모양을 만들어 튀겨낸 후 즙청한 것이고, 다식과는 반죽을 다식판에 찍어 튀긴 후 즙청한 것이다. 즉, 모양을 내는 방법에 따라 그냥 약과로 부르기도 하고 다식과로 불리는 것으로 사용하는 약과판과 다식판의 모양에 따라 다양한 모양의 약과가 만들어진다. 참고로 우리가 시중에서 흔히 보는 둥근 모양의 약과는 약과판으로 찍어낸 것이다.

모약과는 네모난 모양의 약과를 말한다. 반죽을 밀대로 두툼하게 민 후 네모난 모양으로 썰어 튀긴후 즙청한다. 반죽을 밀대로 밀기 전 몇 차례 반죽을 반으로 나눠 겹치는 과정을 반복하므로 반죽이 잘 되고, 겹치는 과정이 잘 된 모약과는 서양의 파이처럼 결이 생기며, 쫀득한 일반 약과와는 달리 부드러우면서도 바삭한 맛이 일품이다. 모약과 중에서는 개성모약과가 유명하다.

만두과는 말 그대로 만두처럼 소를 넣어 만든 한과다. 약과의 반죽에 곱게다진 대추와 꿀, 계핏가루 등을 섞어 만든 소를 넣고 송편 모양으로 빚어 튀긴 후 즙청한다.

이상의 약과들은 유밀과를 대표하는 한과다. 예로부터 지금까지 가장 사랑받았고 대중화되어 있다. 그만큼 문헌에서도 약과에 대한

모약과

제4장 만드는 방법에 따라 달라지는 한과의 종류 | 145

언급은 꽤 많은데 그 중 한 가지를 소개하자면 최남선은 조선에 관한 상식을 세계에 널리 알리기 위한 목적으로 쓴 「조선상식문답」이란 저서에 약과에 대해 이렇게 썼다.

'조선이 만드는 과자 가운데에 가장 상품上品이며 또 온 정성을 다 들여 만드는 점으로 보아 세계에서 비교가 안될 만큼 특색 있는 과자이다.'

약과와 달리 매작과, 차수과, 타래과, 요화과, 박계 등의 유밀과는 조금 낯설 수 있다. 이를 살펴보면 우선 매작과는 매엽과라고도 부르며 약과와 달리 밀가루 반죽에 기름이나 꿀을 섞지 않는다. 대신 생강, 파래, 인삼 등을 곱게 다지거나 갈아서 소금과 함께 넣어 반죽한다. 모양도 약과와 많이 다른데 반죽한 것을 얇게 밀어 네모지게 썰고 가운데 칼집을 내어 뒤집어 꽈배기 모양으로 만든 후 기름에 튀겨 즙청을 한다. 반죽에 넣는 생강, 파래, 인삼 등의 재료에 따라 생강매작과, 파래매작과, 인삼매작과 등으로 불린다.

차수과 역시 약과와 반죽 및 모양이 다르다. 반죽엔 매작과와 마찬가지로 밀가루에 기름과 꿀을 넣지 않고 대신 파래가루, 오미자 우린 물, 치자 우린 물 등을 사용하여 색을 내고 소금을 넣어 반죽을 한다. 그 반죽을 얇게 밀어 편 후 네모나게 자르고 접어주고 칼집을 내어 모양을 내는데 그 모양이 손을 마주잡은 것 같다고 하여 차수과란 이름이 붙여졌다. 튀긴 후 즙청을 하는 것은 마찬가지다.

타래과는 매작과의 반죽을 가늘게 채 썰어 실타래처럼 돌돌 말아 튀기고 즙청한 것으로 그 모양을 따서 타래과라고 한다.

| 리본 차수과

요화과는 밀가루가 아닌 메밀가루를 주재료로 하는 유밀과다. 메밀가루에 소금과 설탕을 섞어 반죽을 하고, 손으로 조금씩 떼어 요화蓼花, 다른 말로 여뀌꽃 모양으로 만들어 기름에 튀기고 즙청을 한 후 튀밥 옷을 입힌다. 메밀가루가 아닌 밀가루를 사용하기도 하고 넓적한 네모 모양으로 만들기도 하며, 색을 입히기도 하는데 그 색과 색의 종류 등에 따라 백세건반요화과, 홍세건반요화과, 홍백세건반요화과, 삼색요화과 등의 다양한 이름이 붙는다.

마지막으로 박계는 크기에 따라 대박계, 중박계, 소박계로 나누는데 현재까지 만드는 방법이 전해지는 것은 중박계 뿐이다. 중박계는

| 만두과

 '중배끼'로도 불리며 약과와 달리 밀가루 반죽에 참기름을 넣지 않거나 조금만 넣으며 술을 넣지 않는다. 또 직사각형으로 두껍고 큼직하게 썰어 기름이 속까지 먹지 않도록 반만 지진다. 즙청도 하지 않는데 반쯤 익혔다가 먹을 때 다시 지져 먹는 것이 특징이다.

 참고로 약과가 거의 모든 잔칫상에 올랐던 것에 비해 박계는 경사스런 길례吉禮에는 사용하지 않았다. 이는 매작과, 차수과, 타래과도 마찬가지로 그 모양이 특이하기 때문이었다. 대신 박계, 매작과, 차수과, 타래과는 제사 등 제례祭禮에 주로 올려졌다.

한과의 꽃, 유과

유과油菓는 찹쌀 등 쌀을 주재료로 이용하여 만든 한과로 우리나라의 최대명절인 설음식의 대표적인 품목이며 이외에도 각종 명절과 제사상, 혼례상, 잔칫상에 반드시 올리던 음식이었다. 과거에는 강정으로 불렸는데 찹쌀가루에 술과 콩물을 넣어 반죽하고, 그 반죽을 시루 등에 넣어 찌거나 삶아 다시 절구 등에 넣어 가는 실이 보일 때까지 치댄 후, 반대기를 만들어 여러 가지 크기로 잘라 말렸다가 기름에 튀겨 엿물이나 꿀 등으로 즙청하고 고물을 묻힌 과자다. 여기서 반대기란 반죽을 평평하고 둥글넓적하게 만든 것을 말한다.

그러나 이것은 간략하게 말한 것이고 찹쌀가루를 내기 위해서는 찹쌀을 2~3주 정도의 오랜 시간에 걸쳐 삭혀 씻고 체에 받쳐 물기를 뺀 다음 빻아야 하고, 콩물을 만들기 위해서는 하루 정도 콩을 불린 후 갈아야 하며, 반죽한 후에는 또 찌고 치대고 모양까지 잡아 말린 후 숙성시키는 시간이 필요하고, 기름에 튀기기 전에도 미지근한 기름에 1~2시간 담가 불려야 하는 등 유과는 전체적으로 만드는데 필요한 시간의 소요가 길고 만드는 과정이 만만치 않아 시간과 정성이 가장 많이 드는 한과다.

그 정성과 시간의 공만으로도 유과를 한과의 꽃이라 할 만한데 여기에 기름에 튀겼을 때 부풀어 오르는 모양을 보고 있노라면 마치 꽃이 활짝 만개하는듯한 느낌까지 든다. 즙청 후 고물을 묻히고 나면 그것 또한 작고 여린 꽃들이 다닥다닥 붙어있는 듯해 떨어질까 봐 조심스럽게 손에 들게 만드는 힘이 있다.

신기한 것은 식감과 맛에서도 비슷한 기분을 가질 수 있는데 찹쌀

이란 것이 본래는 눌어붙고 찰지며 끈끈한 성질을 가지고 있음에도 불구하고 유과로 만들어 놓으면 아주 연하고 세밀한 조직을 가지게 되어 부드러우면서도 바삭하게 부서지고 언제 입에 넣었나 싶게 사르르 녹아 없어지는 것이 마치 눈꽃을 먹는 것과 같다.

이러한 유과는 모양에 따라서 크게 네모난 모양을 가진 산자, 누에고치 모양을 한 손가락만한 크기의 손가락유과, 동글동글한 방울 모양의 방울유과, 작고 네모지게 썬 빙사과 등으로 나누어진다.

참고로 빙사과는 유과를 만드는 과정에서 반죽의 떨어져나가거나 부서진 것을 모아 튀겨 엿물에 버무려 잘 떨어지지 않게 한 후 네모난 모양으로 썬 것으로 작은음식도 버리지 않으려는 조상들의 자세와 지혜가 담긴 음식이다. 크기나 모양이 엿강정과 비슷한데 따로 즙청을 하고 고물을 묻히기보다는 엿물에 버무릴 때 땅콩 등의 견과류나 유자나 대추 다진 것 등을 함께 넣어 버무려주면 영양도 좋아지고 첨가한 재료에 따라 색다른 식감과 맛도 느낄 수 있다.

유과의 모양과 크기에 따른 종류 외에 색, 고물에 따라서도 다양한 종류의 유과로 이름 붙여지는데 유과의 색은 반죽에 색을 내는 재료를 섞어 만들기도 하고, 고물로 색을 내기도 한다. 또, 지초 등을 사용하여 기름에 색을 내어 그 기름에 반죽을 튀김으로써 색을 내는 방법도 있다. 고물의 사용도 쌀을 튀겨 만든 튀밥을 기본적으로 사용하지만 파래, 흑임자, 잣, 송화, 승검초 등 다양하게 사용된다.

또한 유과는 굳이 크기에 따라 달리 부르지 않고 강정, 산자, 유과로 혼용되어 불리기도 하며, 전라도 지방에서는 부수게, 과줄이란 조금 생소한 이름으로도 불린다.

| 손가락 유과

예술과 예禮를 담은 건강한 한과, 다식

불교에서는 참선을 하는 스님들이 참선하는 동안 육체적, 정신적 고행을 버티기 위한 건강식으로 현미, 찹쌀, 보리, 검정콩, 검정깨, 들깨, 율무 등의 곡식을 볶아 가루로 만들어 먹었다. 이를 선식禪食이라 하였는데 휴대가 간편하고 위에 부담을 주지 않으며 머리를 맑게 하였다.

다식茶食은 스님들이 먹던 선식과 매우 닮아있는 건강한 한과다. 스님들처럼 곡식가루를 섭취하는 것은 아니지만 흰깨, 검은깨, 콩, 찹쌀, 송화, 녹두녹말 등 날것으로도 먹을 수 있는 식재료를 가루로 만들어 꿀로 반죽한 후 다식판에 박아낸 과자이기 때문에 곡식의 영양을 그대로 살리면서도 꿀의 첨가로 맛도 살려 선식보다 먹기 편하면서 선식보다 영양가가 높다.

다식의 재료와 되도록 불火을 멀리한 만드는 방법에서도 알 수 있듯이 다식은 불교의 영향을 많이 받았다. 불교에서 수행의 방법으로 차를 마실 때 많이 곁들인 한과가 다식이기 때문이다. 이를 반영하듯 다식의 한자에는 차와 함께 먹는 음식이라는 의미가 담겨있다. 차를 마실 때는 예를 중시하는데 다식은 소리가 나지 않고, 덩어리가 크지 않으며 부스러짐이 별로 없어 차와 함께 조용히 맛볼 수 있는 한과이며, 차와 함께 먹을 때 그 맛이 더 살아나는 장점을 가지고 있다.

다식의 모양과 색은 매우 다양하다. 모양의 경우 다식판의 모양에 따라 얼마든지 다른 다식을 찍어낼 수 있는데, 수壽, 복福, 강康, 령寧 등 복을 비는 글자를 비롯하여 꽃무늬, 나비무늬, 수레바퀴무늬, 완자무늬 등 다양한 조각의 다식판은 그 모양이 섬세하고 정교하여 그 시기의 예술성을 엿볼 수 있는 도구이기도 하다.

또한 다식의 색은 사용하는 재료에 따라 바뀌는데 다식의 경우 곡류는 물론 채소류, 열매류까지 다양한 재료가 이용되며 가루로 만들어 사용하는 경우가 대부분이라 재료 본연의 색이 다식의 색으로 나타나는 경우가 많다. 선조들은 다식을 낼 때 여러 가지 재료로 만들어진 다양한 색의 다식을 준비하여 색의 조화와 예술성을 드러냈다.

그러나 이러한 다식은 유밀과처럼 대중화되지는 않았다. 불교의 사찰에서 주로 발전하였으며 세속에서는 국가의 대연회나 혼례상, 회갑상, 제사상 등의 의례상에 주로 올랐다. 이 경우 다식의 무늬는

| 다식

주로 수복강녕壽福康寧, 부귀다남富貴多男의 글귀나, 잉어나 거북이 등 장수나 복을 상징하는 문양들이 새겨져 있었다.

다식을 만드는 방법은 유밀과나 유과 등의 한과들에 비해 비교적 간단하다. 앞서 잠깐 언급했지만 곡류나 채소, 열매 등을 가루 내어 꿀과 반죽하여 다식판에 반죽을 넣고 모양이 나도록 누른 후 찍어내면 완성된다. 콩 등은 볶거나 쪄서 말렸다가 곱게 가루를 내며, 검은깨 등은 볶아서 가루를 내고, 송홧가루나 말린 밤인 황률은 그대로 가루를 내며, 멥쌀은 멥쌀가루로 백설기를 만들어 바싹 말린 후에 가루를 내어 사용한다. 녹말과 밀가루로도 다식을 만드는데 녹말의 경우 녹두를 갈아 면자루 등을 이용해 짜서 앙금을 받아 가라앉혔다가 웃물을 따라내고 쓰며, 밀가루는 누릇하게 볶아서 쓴다. 녹말과 밀가루로 다식을 만들 경우 녹말과 밀가루만 사용해 만들기도 하지만 승검초가루, 오미자물, 쑥가루, 인삼가루, 생강가루 등 향과 색이 있고 맛이 강한 재료를 섞어 다식을 만드는 경우가 많다.

다식의 이름은 사용한 재료의 이름을 따서 부른다. 콩으로 만든 것은 콩다식, 송홧가루로 만든 것은 송화다식, 검은깨로 만든 것은 흑임자다식 등이다.

참고로 다식을 만들 때 사용하는 꿀은 아카시아꿀 등 색과 맛이 옅은 꿀이 좋다. 너무 진한 색과 맛의 꿀을 사용하면 그만큼 재료 자체의 맛과 색, 향이 줄어든다. 또, 다식판에 약간의 참기름을 묻혀 찍어내면 다식판에서 다식을 분리하기 용이하고 다식의 모양이 찌그러지지 않는데 도움이 된다.

우리나라 한과가 대체로 그렇지만 다식 역시 얼마든지 재료의 개발이 다양한 과자로, 기본적으로 가루를 내어 반죽할 수만 있다면 다식으로 만들 수 있는 가능성이 충분하다 하겠다. 특히 다식은 기름이나 설탕, 소금의 사용이 전혀 없이도 만들 수 있고, 생식이나 선식과 비슷하면서도 생식이나 선식처럼 먹기 어렵지 않아 앞으로 다이어트 식품, 건강기능식품으로의 가능성이 무궁무진하다고 생각된다.

과일로 만든 한과, 숙실과

생각하기로 오랜 옛날 수렵과 채취로 먹고 살았던 인류가 가장 먼저, 가장 쉽게 먹기 시작한 것은 과일이 아니었을까 싶다. 따로 경작을 하지 않고 잡지 않아도 나무에 열린 것을 따기만 하면 얻을 수 있었을 뿐 아니라, 보기에도 탐스럽고 가까이 대고 냄새를 맡으면 달콤한 향이 나니 성큼 집어 먹게 되지 않았을까.

그러니 과자의 역사가 과일에서부터 출발한 것도 당연하다. 지금은 과자 중에서 과일이 주재료로 사용되는 경우는 거의 없지만 그런 의미에서 숙실과熟實菓는 과자의 역사, 과자의 시초를 고스란히 담고 있는 한과라고 할 수 있다.

숙실과는 다식과도 닮아있다. 다식이 곡식과 채소 등의 영양 및 맛, 색, 향까지 고스란히 살린 것이라면 숙실과는 과수의 열매나 뿌리의 영양 및 맛, 색, 향을 되도록 훼손하지 않으면서도 오래두고 먹을 수 있도록 만들어진 음식이기 때문이다.

숙실과는 주로 과수의 열매나 뿌리를 주재료로 한다. 만드는 방법

| 호박란, 당근란

은 과수의 열매나 뿌리를 삶거나 쪄서 익힌 후 꿀에 조려 잣가루 등의 고물을 묻히면 된다. 이때 과수의 열매나 뿌리를 통째로 익혀 원래의 모양이 그대로 유지되도록 조려내면 초炒가 되고, 과수의 열매나 뿌리를 익힌 후 으깨어 설탕이나 꿀 등에 조린 다음 이것을 다시 원래 과수의 열매나 뿌리의 모양대로 빚어내면 란卵으로 구분된다.

초炒에는 밤초, 대추초 등이 대표적이며, 란으로는 율란, 조란, 생강란, 유자란, 호박란, 당근란 등이 있다.

이외에도 곶감쌈, 건시단자 등이 숙실과에 속하는데 곶감쌈은 곶감과 호두를 재료로 한 것으로 말랑말랑한 곶감의 꽃지를 떼고 갈라 씨를 제거한 후 넓적하게 편 곶감에 물엿이나 꿀 등을 바른 손질한 호두를 씨를 뺀 자리에 넣어 돌돌 말아 썰어낸 것으로 곶감 안에 자리 잡은 호두의 모양과 곶감 색과 호두색의 대비로 모양이 무척 아름답다. 참고로 호두대신 잣을 꽃잎처럼 모양을 만들어낸 곶감에 박아 넣은 곶감오림도 있다.

건시단자 역시 곶감을 이용한 한과다. 곶감쌈을 만들 때와 마찬가지로 꽃지를 떼고 갈라 씨를 제거한 후 넓적하게 편 곶감에 꿀을 발라 재워 그 곶감에 꿀을 넣어 반죽한 황률가루 반대기를 넣어 잘 말아준 후 잣가루를 고물로 묻혀 썬 것이다.

이상의 숙실과 이외에도 수입 등이 안 되어 과거에는 없던 재료를 사용한 숙실과를 개발할 수 있는데 체리나 바나나 등을 이용한 체리초, 바나나초 등이 가능하겠고, 아이들의 입맛을 고려하여 초나 란 등에 고물로 녹인 초콜릿을 입혀 굳히는 초나 란 등을 생각해 볼만 하다.

젤리와 비슷한 색 고운 한과, 과편

숙실과와 더불어 과편果片은 과일을 재료로 이용하는 한과이다. 과일을 삶아 거른 즙에 설탕이나 꿀, 소금을 넣고 조리고 다시 녹말 물을 넣고 끓여 틀에 붓고 식혀 만든다. 이렇게 만들어진 것을 알맞게 편을 썰어 내는데 완성된 과편은 매끄러우면서도 탄력이 있어 묵과 같은 질감을 가진다. 서양의 젤리나 푸딩과도 비슷하다.

식감은 부들부들하고 과일 특유의 새콤하면서도 달콤한 맛이 상쾌함을 준다. 입에 넣으면 쉽게 녹아들며 차갑게 해서 먹으면 맛과 향, 식감이 배가 되어 여름철 별미로 즐길 수 있다.

즙을 내는 과일 등에 따라 앵두편, 복분자편, 모과편, 살구편, 귤편, 생강편, 오미자편 등이 있는데 이외에도 다양한 과일 등을 이용할 수 있다. 최근에는 키위나 오렌지, 산딸기 등으로도 만든다. 과일의 색이 그대로 드러나 과편의 색은 매우 아름답다.

과편의 주재료로는 과일즙 이외에도 녹말이 큰 부분을 차지하고 있다. 녹말물이 첨가됨으로써 묵과 같은 질감이 생긴다. 사실 과편처럼 묵과 같은 형태의 음식은 각 나라별로 있는 편인데 나라별로 젤라틴, 녹말, 한천 등을 사용하여 묵처럼 만들게 된다. 우리나라 한과에서는 젤라틴을 이용하지 않고 주로 녹말과 한천寒天을 이용해 왔다.

과편을 만드는 방법은 대체로 비슷하므로 살구편을 예로 설명하자면, 깨끗이 씻은 살구를 반으로 쪼개 씨를 발라낸 후 냄비에 살구의 과육을 담아 물과 함께 소금을 조금 넣어 살구가 흐물흐물해질 때까지 삶는다. 삶은 살구를 체에 걸러 살구과즙만 모은 후 냄비에 넣고 설탕을 넣어 끓이다가 녹말을 같은 양의 물에 풀어 만든 녹말 물을 부어 다시 끓인다. 이때 덩어리지거나 눌어붙지 않도록 잘 저어주며 되직해질 때까지 끓여주다가 꿀을 넣고 고루 섞어주며 잠시 더 끓인다. 다 끓으면 네모진 그릇에 부어 식히는데 그릇에 물을 묻혀주고 부어서 식히면 다 식은 후 떼어내기 쉽다. 다 식은 살구편은 굳어지면서 과편 특유의 질감과 식감을 가지게 되는데 알맞은 크기로 썰어내면 된다.

참고로 과편을 만들 때 과즙에 레몬즙을 첨가하면 과편의 색이 변하는 것을 막고 색도 더 예쁘게 나온다. 또, 과편을 끓일 때는 센 불보다는 약한 불로 오래 끓여야 탄력이 좋아지고 윤기가 난다. 다 끓인 후에는 식기 전에 그릇에 부어야 한다. 식으면 되직해져서 매끄럽고 보기 좋은 과편을 만들 수 없다.

오미자편의 경우엔 다른 과일들처럼 과육을 삶아 만드는 것이 아니라 오미자를 하루 동안 충분히 물에 담가 진하게 색을 우려낸 오미자 물을 사용한다. 과일을 이용한 과편의 경우 계절마다 수확되는 것이 달라 계절에 맞게 즐기게 되지만 오미자편이나 생강편 등의 경우엔 계절에 상관없이 사계절 내내 즐길 수 있다는 장점이 있다.

이상의 과편들이 녹말 물을 이용한 것이라면 색다르게 해초류의 일종인 한천을 이용하고 과일이 아닌 곡류를 이용해 만드는 과편이 있는데 바로 양갱이다. 붉은팥, 흰팥, 완두콩 등이 한천과 함께 주재료로 사용되며 재료에 따라 색도 붉은색, 흰색, 녹색으로 다르게 만들어진다. 만드는 방법은 과일을 이용한 과편을 만들 때와 그리 크게 차이가 나지는 않는데 물에 2시간 이상 담가 불린 한천을 물과 함께 덩어리지지 않도록 끓이고, 이 한천에 팥앙금 등과 설탕을 넣어 잘

섞어준 후 눌어붙지 않도록 계속 저어주며 조금 더 끓인다. 불을 끄기 전에 물엿과 약간의 소금을 넣어 한소끔 더 끓인 후 굳힐 틀 안쪽에 물을 발라주고 끓인 양갱을 부어주면 된다. 단단해질 때까지 실온에서 굳히고 틀을 엎어 양갱을 빼내 적당한 크기로 썰거나 모양을 내는 틀을 사용하여 모양을 찍어 만들어내면 된다.

안타까운 것은 요즘은 점점 과편을 보기 힘들고 즐기는 사람도 거의 없다는 것이다. 양갱은 대중화된 상품도 나오고 있지만 과일로 만든 과편의 경우 거의 찾아보기 힘들다. 그러나 집에서도 만들어 먹을 수 있고 취향에 따라 설탕과 꿀의 양을 조절함으로써 단맛의 가감이 가능한 과편은 아이들이 즐겨먹는 공장에서 생산된 젤리를 대용할 수 있는 건강식이다. 식감도 젤리와 비슷하고 색도 예뻐 아이들의 호기심을 충분히 일으킬 수 있다. 또 매우 부드러워 이빨이 성치 않은 어르신들에게도 간식으로 좋다. 이런 점을 살리면 과편이 다시 사랑받을 수 있지 않을까 생각해 본다.

투명한 아름다움을 간직한 한과, 정과

정과正果는 수분이 적은 식물의 뿌리나 줄기, 또는 열매를 살짝 데친 다음 꿀이나 엿, 조청, 설탕시럽 등과 함께 오랜 시간 조린 것으로 전과煎果라고도 한다. 종류는 크게 두 가지로 진정과와 건정과로 나뉜다. 진정과는 끈적끈적하고 촉촉하게 수분이 남아있게 만드는 것이며, 건정과는 바삭하게 수분이 없도록 말려 만드는 것이다. 정과는 잔칫상은 물론 명절 등의 손님접대와 제사상 등에 고루 사용되었다.

정과의 주재료로는 도라지, 연근, 생강, 수삼, 무, 당근, 죽순, 동아 등의 생채소와 귤, 배, 모과, 유자, 사과, 복숭아 등의 생과일은 물론 건포도, 건살구, 백오가리, 산사 등의 말린 재료 등이 다양하게 사용된다.

만드는 방법은 진정과의 경우 먼저 깨끗이 씻은 재료를 알맞은 크기로 모양 좋게 썬 후 물에 살짝 데쳐 조직을 연하게 만든 다음, 물과 함께 설탕이나 꿀, 조청 등을 넣어 서서히 졸이는 것이다. 이때 재료에 단맛이 배어들게 하기 위해서는 처음에 물을 자작하게 부어주고 설탕이나, 꿀, 조청 등을 반만 넣어 센 불로 끓이다가 한번 끓기 시작한 후에는 약한 불로 속 뚜껑을 덮고 졸여준다. 다시 끓기 시작하면 다시 설탕이나 꿀, 조청을 넣고 서서히 재료가 투명해질 때까지 조린다. 물이 자작해지면 마지막으로 꿀을 넣고 꿀맛이 재료에 배이면 건져내어 망에 받쳐 뚝뚝 떨어지는 꿀물을 제거하면 정과가 완성된다.

재료에 따라 인삼정과, 홍삼정과, 생강정과, 도라지정과, 연근정과, 더덕정과, 죽순정과, 당근정과, 동아정과 등이 있는데 이중 가장 대표적인 것은 동아정과다. 동아는 박과에 속하는 식물로 '동과'라고도 불리는데 이 동아를 주재료로 한 동아정과는 특이하게도 사횟가루를 동아와 함께 사용하여 만든다. 사횟가루는 조개껍질을 태워 고운 가루로 만든 재로 칼슘이 풍부한데 껍질을 벗기고 씨 등을 제거한 동아에 이 사횟가루를 묻혀 하루정도 재워두면 동아의 펙틴 성분과 결합하여 조직을 경화시키며 동아정과의 맛을 좌우하게 된다. 사횟가루의 사용 외에도 동아정과는 정과 중에서도 만드는데 시간이 오래 걸리고 정성이 필요하며 아삭한 맛이 일품이라 정과의 대

| 정과

명사로 알려져 있다.

  무정과의 경우엔 무정과 자체로는 색이 무색이며, 모양이 별로 예쁘지 않아 만드는 과정에서 색을 입히며 길게 썰어 꽃모양을 만들거나 모양틀로 찍어 다양한 모양을 만들기도 한다. 색과 모양을 입힌 무정과는 보기에 좋아 장식으로도 많이 사용된다.

  건정과는 진정과를 사용하여 만든다. 완성된 진정과를 망이나 체에 받쳐 꿀물이 모두 흘러나오면 표면에 설탕을 고루 묻히고 한지 등에 펼쳐서 바싹 말린다. 이 과정에서 설탕이 수분을 빨아들이며 진정과가 빳빳해지는데 이를 건정과라고 한다. 수삼, 홍삼, 생강, 사과 등이 건정과의 재료로 많이 사용된다. 각각 재료의 이름을 따서 수삼건정과, 사과건정과 등으로 불리는데 생강으로 만든 건정과의 경우 편강 또는 건강이라고도 부른다.

수삼, 홍삼, 인삼 등은 진정과로도 건정과로도 만들어지는데 적당한 크기로 썰어서 만들기도 하지만 통째로 정과로 만들기도 한다. 진정과로 만들든 건정과로 만들든 모두 인삼 특유의 쌉싸래하면서도 진한 향기가 꿀 등의 단맛과 어우러져 원래의 맛과 향을 유지하면서도 먹기가 수월해 한국인은 물론 외국인들에게도 인기가 많은 고급 한과이다.

생강의 경우에도 생으로 먹으면 매운 맛과 향에 먹기 힘들지만 정과로 만들어지면 먹기 수월해진다.

이렇게 만들어진 정과들은 다른 한과들과는 확실히 구분되는 색다른 아름다움을 가지고 있다. 스테인드글라스를 본 적이 있는가. 유리에 색을 입혀 종교적인 장면이나 여러 가지 그림과 문양 등을 표현한 스테인드글라스에 햇살이 비추면 그 아름다움은 이루 말할 수 없다. 정과는 마치 그 스테인드글라스처럼 미묘한 느낌의 아름다움을 주는데 완성된 정과가 맑은 물에 한 방울의 수채물감을 풀어놓은 것처럼 연한 자연의 색을 드러내면서도 속을 들여다보고 싶은 마음이 들도록 투명하기 때문이다. 잘 만들어진 정과일수록 투명성이 잘 살아나 스테인드글라스를 보는 듯하다. 이 아름다움을 잘 살려 한식은 물론 퓨전요리나 서양요리, 케이크, 떡 등에 먹을 수 있는 맛 좋은 데커레이션으로도 활용함직 하다고 생각한다.

건강하게 단단한 한과, 엿강정

한과 중에서 식감이 가장 단단한 것이 엿강정飴强精이다. 단단하다고 하지만 그것이 이빨을 상하게 할 정도의 단단함을 말하는 것은 아니다. 바삭함이 조금 강화된 정도의 단단함이라고 생각하면 될 것 같다.

맛은 고소하고 적절한 달콤함을 지녔다. 이 맛은 재료에서 비롯되는데 엿강정의 주재료가 땅콩, 잣, 호두, 호박씨 등의 견과류나 검은콩, 푸른콩, 참깨, 들깨, 흑임자, 현미, 멥쌀 등의 곡식이며 여기에 꿀, 조청, 물엿, 설탕 등이 들어가기 때문이다. 주재료에 따라 땅콩엿강정, 깨엿강정, 콩엿강정으로 불린다.

엿강정을 만드는 방법은 주재료인 견과류나 곡식을 볶거나 그대로 뜨거운 엿물에 버무려 서로 엉기게 한 후 엿강정을 만들 틀에 쏟아 고르게 펼친 다음 고명 등을 뿌려 굳기 전에 적당한 크기로 썰고 다시 모양을 위해 웃고명을 붙이면 된다. 고명에는 대추채, 파래, 석이채 등이, 웃고명에는 호두, 대추, 잣, 호박씨 등이 주로 사용되는데 고명의 사용으로 모양과 맛, 향기를 더 좋게 하는 것이다.

기본적으로 엿강정은 주재료를 볶거나 그대로 사용하지만 멥쌀이나 현미 등을 이용해 강정을 만들 때는 조금 다르다. 쌀 종류의 곡식은 고두밥을 지어 말린 후 튀기거나 볶아서 튀긴 튀밥을 만들어 주재료로 사용한다.

참고로 맛있는 엿강정을 만들려면 주재료들이 타지 않게 볶아야 하며, 재료들과 섞어 버무릴 엿물의 농도 등이 알맞게 끓여지는 것이 중요하다. 엿물은 설탕, 조청, 물 등을 섞어 끓이는데 비율에 따라 맛

엿강정

과 농도가 달라진다. 물엿이나 조청만으로 만든 물엿은 잘 굳지 않고 설탕으로만 만든 엿물은 쉽게 단단해지고 잘 부서지는 단점이 있다.

　엿강정의 장점은 주재료가 견과류와 곡식으로 영양이 매우 풍부하다는 것이다. 특히 엿강정은 주재료를 하나만 사용하는 것이 아니라 여러 개를 사용함으로써 더욱 영양가를 높일 수 있다. 예를 들어 땅콩 하나만으로 땅콩엿강정을 만들 수도 있지만 땅콩 이외의 콩을 함께 엿물에 섞어 만들 수도 있다. 물론 참깨, 들깨, 검은깨 등 세 가지 재료를 섞어서도 가능하지만 너무 많은 재료를 섞으면 재료 각각의 맛을 제대로 느낄 수 없으므로 적당히 섞어 만드는 것이 좋다. 한

가지, 또는 두 가지 정도의 재료만 섞어 만들어도 고명 등을 활용하여 다양한 영양소를 공급받을 수 있다.

이러한 엿강정은 서민들에게도 대중화되었다. 특히 쌀로 고두밥을 지어 말린 후 튀겨 만든 쌀엿강정은 엿강정 중에서도 가장 흔하고, 저렴하게 만들 수 있어 설 명절 등에는 집집마다 만들어 먹었던 한과이다. 요즘도 많이 접할 수 있는 한과 중 하나인데 '밥풀엿강정'이라고도 불린다.

마지막으로 우리나라 고유의 전통사탕이라고 해도 무방할 엿도 엿강정류에 포함시킬 수 있다. 엿은 쌀, 수수, 고구마, 호박, 옥수수 등과 엿기름을 주재료로 만든 것으로 쌀로 만들면 쌀엿, 고구마를 넣어 만들면 고구마엿 등이 된다. 엿을 고는 과정에서 볶은 콩 등을 넣어 콩엿을 만들 수도 있다. 참고로 엿에 노란 콩고물을 묻히는 경우도 많은데 콩고물을 묻히면 손에 엿이 들어붙지 않고 맛이 고소해진다.

지역별로는 울릉도의 호박엿, 개성 밤엿, 광주 백당, 제주 닭엿, 창평 쌀엿 등이 유명하다. 이중 제주도의 향토 음식인 닭엿은 찹쌀이나 좁쌀로 밥을 지어 엿기름물을 부어 삭힌 것이다. 닭고기와 꿩고기를 함께 넣어 고인 특색 있는 엿으로 약으로 많이 이용되었다.

엿의 색깔은 흰엿에서부터 노란색을 띠는 엿, 진한 갈색을 띠는 엿 등 다양하다. 쌀로 지은 고두밥을 삭혀 베자루 등에 넣고 짠 다음 엿기름을 넣고 오래 끓여 졸이면 조청이 되고 조청을 더 오래 졸여 굳히면 갈색의 갱엿이 되는데, 이 갱엿이 되기 전 덜 굳은 엿 덩이를 두 사람이 마주 잡고 잡았다가 늘렸다가를 반복하면 엿의 색이 점점 흐려지며 나중에는 흰색의 흰엿으로 변한다.

　이러한 엿들은 과거 당분을 섭취할 수 있는 중요한 음식이었으며 혼례의 이바지음식이나 명절 음식 등으로 사랑받았다. 설날에는 아이들이 세배를 드리면 엿을 나눠주곤 했었는데 아이들은 이 엿을 분질러 엿 속에 난 공기구멍 수나 크기로 승자를 정하는 엿치기 놀이 등을 하기도 했다.

　엿강정은 쿠키를, 엿은 사탕을 대신할 수 있는 우리나라의 중요한 전통음식이다. 둘 모두 인공색소가 전혀 들어가지 않고, 설탕의 진한 단맛이 아닌 담백한 단맛을 가지고 있어 자극이 적은 음식이므로 아이들의 간식문화를 바꾸는데 일조를 할 수 있으리라 여겨진다.

세계의 과자 산책

과자와 케이크 사이, 미국의 생과자 브라우니

Brownie

브라우니는 초콜릿과 버터, 밀가루, 달걀, 설탕, 소금 등을 재료로 만들어지는 과자로 케이크보다는 단단하고 과자보다는 촉촉하고 부드러운 식감을 가지고 있다. 케이크와 과자의 중간 정도의 생과자로 생각하면 된다.

브라우니라는 이름은 원래 영국 스코틀랜드 지역의 전설에 등장하는 집요정의 이름이다. 전설에 의하면 브라우니는 어린아이만한 몸집에 갈색털이 나있

고, 더러운 옷을 입고 있지만 마음은 고와서 집주인이 잠든 밤중에 몰래 집안일을 도와준다고 한다. 못생기고 초라한 외모 때문에 사람들의 눈에 띄는 걸 극도로 싫어한다.

집안일을 도와준 사례로 집주인이 우유 한 컵이나 꿀 바른 빵 한 조각을 외출 전에 놔두고 가면 브라우니 요정이 나와 먹는다. 이 사례를 해주지 않으면 심술이 난 브라우니가 집안을 엉망으로 만들거나 밤중에 잠든 집안사람들을 꼬집는다고 한다.

이 전설 속 괴짜요정 때문에 브라우니를 영국이나 스코틀랜드에서 처음 만들어진 것으로 생각하는 사람이 많다. 그러나 브라우니 과자가 처음 만들어진 곳은 19세기의 미국이다. 브라우니 과자의 탄생에 관해서는 여러 가지 재미있는 설이 있는데 가장 잘 알려져 있는 것은 미국 메인시의 뱅고르라는 곳에 살았던 한 가정주부가 초콜릿 케이크를 만드는 과정에서 실수로 베이킹파우더를 넣지 않아 부풀지 않은 색다른 초콜릿 케이크가 만들어졌고, 이를 맛본 사람들이 의외로

쫀득한 느낌에 호감을 표한 것이 브라우니를 탄생시켰다는 이야기가 유명하다.

또 하나는 1892년부터 1893년에 열린 시카고 세계 박람회때 파머 하우스 호텔에서 브라우니를 처음 개발했다는 설이 있다. 호텔의 주인이었던 포터 파머가 박람회 기간 동안 호텔에 묵게 될 귀부인들을 위해 박람회장에 가져가서 손쉽게 먹을 수 있는 도시락 디저트를 만들어 달라고 부인에게 요청했고, 이에 파머의 부인이 브라우니를 만들었다는 것이다.

이 외에도 미국의 어느 제과점 기술자가 케이크 반죽에 초콜릿을 붓는다는 것이 비스킷 반죽에 초콜릿을 부어 브라우니가 우연히 탄생되었다는 설 등 다양한 이야기가 있다.

이처럼 브라우니의 탄생에 대한 이야기가 많은 것은 그 만큼 브라우니의 인기를 반증하는 것이다. 실제로 19세기에 브라우니는 미국에서 많은 사랑을 받았다. 여기에는 삽화가 파머 콕스Palmer Cox의 영향도 있었는데 브라우니를 장난스럽고 천진난만한 만화캐릭터로 그린 그의 그림이 대중적인 사랑을 받으면서 브라우니 판매에도 큰 영향을 미쳤다고 한다.

그런데 오늘날엔 브라우니하면 당연하게 초콜릿 브라우니를 떠올리지만 사실 요리책에 적힌 레시피로 살펴본 브라우니는 그렇지 않다. 1896년 보스턴의 요리학교에서 나온 요리기본서에 실린 브라우니는 초콜릿이 들어가지 않은 부드러운 맛의 당밀과자였으며, 이듬해 어느 기업체의 카탈로그에는 초콜릿은 들어갔지만 케이크가 아닌 사탕이 브라우니로 이름 붙여져 있었다. 지금의 브라우니와 거의 같은 레시피는 1907년 발간된 「로우니의 요리지침서」라는 책에 등장한다.

브라우니를 만드는 방법은 버터와 초콜릿을 타지 않게 중탕 등으로 잘 섞게 녹인 후, 여기에 달걀과 소금을 약간 넣고 거품을 내듯 치고 설탕과 바닐라향을 넣어 다시 한 번 섞어 크림 상태가 되도록 계속 저어준다. 그리고 체에 친 고운 밀가루를 넣어 잘 섞어 준 후 기름을 바른 팬에 구우면 브라우니가 완성된다. 기호에 따라 코코아 파우더, 견과류, 초콜릿 칩, 크림치즈, 우유 등을 재료에 더 섞기도 한다.

브라우니의 맛을 결정하는 것은 초콜릿과 버터다. 얼마나 진한 초콜릿과 질 좋은 버터를 사용하느냐, 초콜릿과 버터를 얼만큼 넣고 만드느냐에 따라 브라우니의 맛이 달라진다. 또 오븐의 온도와 굽는 시간에 따라 브라우니의 바삭함이나 쫀득함, 초콜릿의 향 등이 결정된다.

브라우니가 맛있기는 하지만 버터의 함유가 많아 칼로리가 높을 뿐 아니라 몸에 좋지 않은 포화지방을 다량 섭취하게 되므로 주의 깊은 섭취가 필요하다. 또 단맛도 무척 강한 편인데 특히 미국에서 만들어지는 원조 브라우니의 경우 우리나라에서 판매되고 있는 브라우니보다 훨씬 달다.

이러한 단점에도 불구하고 현재 브라우니는 미국뿐 아니라 전 세계적으로 사랑받는 음식이다. 웰빙 시대에 걸맞은 한과 중에서도 브라우니처럼 세계적으로 사랑받는 과자가 탄생했으면 하는 바람이다.

제 5 장

한과 만들기의 기초지식

Hangwa – the Basics

한과 만들기의 기초 지식에 대하여
약과를 만드는 중요 과정
유과를 만드는 중요 과정
정과를 만드는 중요 과정
한과를 만들 때 쓰는 계량도구들
한과의 재료를 다루는 도구들
한과의 재료를 익히는 도구들
한과의 모양을 내는 도구들
한과를 담는 도구와 그릇들

세계의 과자 산책

망치로 부숴먹는 독일의 과자 슈니발렌

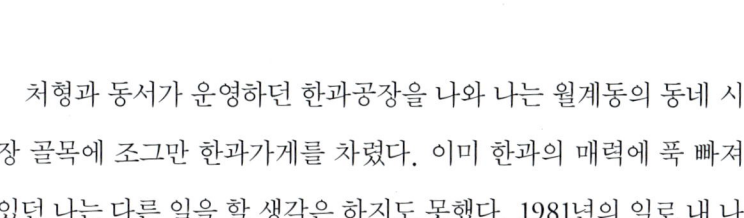

　처형과 동서가 운영하던 한과공장을 나와 나는 월계동의 동네 시장 골목에 조그만 한과가게를 차렸다. 이미 한과의 매력에 푹 빠져 있던 나는 다른 일을 할 생각은 하지도 못했다. 1981년의 일로 내 나이 스물일곱이었다.

　동네 시장이지만 이미 여러 개의 한과가게들이 있었다. 당시 한과는 주로 제수용품으로 제작되고, 중부시장이나 경동시장, 남대문, 동대문 등 제법 큰 시장에서 주로 거래되던 품목이었다. 당연히 동네 시장의 한과가게는 열악할 수밖에 없었는데, 나까지 끼어들었으니 주변 한과가게들의 시선이 고울 리가 없었다. 이 모든 걸 알면서도 월계동 시장에 한과가게를 차릴 수밖에 없었던 것은 내가 가진 자본이 넉넉지 않았기 때문이다. 돈은 없고, 한과는 만들고 싶고, 이러다보니 월계동의 시장에 가게를 차리게 된 것이다.

　더욱 문제가 되는 것은 거래처였다. 처음 시작하는 가게에 거래처가 있을 리 만무했다. 그러다보니 시장을 오가는 행인들이 주 고객이었다. 행인들이 한과를 사가봐야 그 양은 얼마 되지 않았다. 파는 양이 적으니 재료의 구입도 적었다. 다른 사람은 밀가루 100포와 엿 100통을 싼 가격으로 구입하여 한과를 만들어 팔 때 나는 겨우 밀가루 5포와 엿 1~2통을 비싼 소매가격으로 사서 한과를 만들어 팔수밖에 없었다. 장사도 안 되고 재료비도 비싼 이중고의 나날이었다.

그때 거래처를 확보하려고 참 많이 노력했었다. 이사람 저사람 직접 만든 한과를 들고 찾아가 맛을 보이고, 한과에 대한 진실성을 어필하고, 한과의 질과 납품기간만은 꼭 지킨다는 약속을 했지만 거래처를 만드는 일은 결코 쉽지 않았다. 다들 내가 만든 한과의 맛은 칭찬하면서도 새로 생긴 영세한 가게를 믿고 큰 거래를 할 수 없다며 거절하기 일쑤였다.

그래도 포기하지 않고 두 번 세 번 찾아가는 일을 마다하지 않았다. 한과 맛이 좋지 않다고 하면 모르지만 한과의 품질엔 자신도 있고, 인정도 받으니 언젠가는 길이 열리리라 믿고 스스로 독려하며 말이다.

어느 날에는 처형과 동서의 공장에서 일을 할 때 친분을 맺은 큰 도매상 주인을 찾아갔다. 친분이 있어 더 어려운 자리였지만 나는 용기를 내어 말했다.

"사장님, 저를 믿고 한번 물건을 받아주세요."

처음엔 역시 거절당했다. 공장에서 일할 당시의 나를 본 터라 성실하다는 것은 알겠지만 그래도 영세한 가게를 믿고 그동안 거래했던 큰 거래처의 한과를 끊을 수는 없다는 이유였다. 그렇게 했다가 납품일을 못 맞추기라도 하면 큰일이라는 다른 데서도 늘 듣던 이야기였다.

그러나 나는 포기하지 않았다. 그 후로도 수차례 도매상을 방문하여 내가 만든 한과를 홍보하였다. 그러길 얼마나 했을까, 내 정성과 노력에 도매상 사장님이 마음을 열어 주셨다. 단, 조건이 붙었다.

"내가 자네 노력에 졌네. 그래도 처음부터 물건을 많이 받을 수는 없으니 일단 두 상자씩만 받도록 하겠네."

두 상자 정도면 기존의 납품 업체를 끊지 않으면서 도매상에서 소화할 수 있는 분량이었던 것이다. 내 입장에서는 배달에 소요되는 시간과 배달비용 등을 생각한다면 납품으로 이윤을 얻기는 힘든 분량이었다. 그래도 어떻게든 내가 만든 한과를 사람들에게 선보일 수 있다는 것, 새로운 판매처를 얻었다는 기쁨에 나는 행복했다.

배달시간은 아침 7시였다. 나는 한 번도 배달 시간을 어기지 않고 성실히 배달했다. 그러던 어느 날 배달을 마친 직후였다. 갑자기 도매상 사장님께서 배달 시간을 바꾸는 일이 있었다.

"저기 미안한데 내일은 한 시간 일찍…… 그러니까 6시에 배달해 줄 수 있겠나?"

그 후로도 사장님은 빈번하게 배달 시간을 변경하셨다. 그 이유를 알게 된 것은 우연이었다. 그날은 일찍 움직인 관계로 배달시간까지 여유가 많이 남아 약속된 배달 시간보다 30분 정도 일찍 도매상에 도착하게 됐다. 그리고 마침 도매상에 나와는 비교할 수 없을 정도로 많은 양의 백여 상자나 되는 한과를 납품하고 있던 업체의 직원과 마주치고 말았다. 그 광경을 목격한 도매상 사장님은 당황한 기색이었다. 이유를 알고 보니 겨우 두 상자씩 배달하는 내가 큰 업체의 납품광경을 목격하게 되면 비교하여 스스로의 처지를 초라하게 여기거나 좌절할까봐 사장님께서 그동안 매번 납품시간을 조절하여 부딪히는 일이 없도록 배려하고 계셨던 것이다.

그날 참 많은 것을 느끼고 배웠다. 가진 것을 무기로 휘두르지 않고 남을 배려하는 마음, 큰 거래처가 아닌 작은 거래처도 소중히 하며 마음까지 살피는 자세, 사람의 마음을 움직이는 것은 허세가 아닌 진실성과 성실성 그리고 노력하는 모습이라는 것 등등.

무엇보다 나는 용기와 신념을 얻을 수 있었다. 이토록 나를 생각해 주고 배려해 주시는 분을 결코 실망시켜 드리지 않기 위해서라도 앞으로 더 열심히 한과를 만들어야겠다는 용기와 한과의 수량에 상관없이 적게 팔더라도 많이 팔더라도 바로바로 만든 최선의 한과만을 공급하겠다는 신념이었다.

이후로도 난 한동안 그 도매상에 한과 두 상자만을 배달했지만 불평하지 않았고 묵묵히 납품날짜와 시간을 지키는 신용과 변하지 않는 우수한 품질로 점차 다른 업체들을 대신해 한과를 공급하게 되었다. 그리고 업계에 소문이 퍼지면서 이곳저곳 도매상들의 주문을 받게 되었다.

지금도 처음 한과가게를 시작한 그때를 생각하면 참 젊어서 용감했다 싶기도 하다. 포기하지 않고 좌절하지 않고 열심히 노력한 스스로가 대견한 마음도 있다. 무엇보다 한 젊은이의 노력을 좌시하지 않고 지켜보고 배려하며 기회를 주시고 믿어주신 도매상 사장님에게 감사한다. 노력이 기회를 만들고 기회가 길을 만들어 지금의 내가 있게 되었다.

제5장 한과 만들기의 기초지식

한과 만들기의 기초 지식에 대하여

　이번 장에 대해서 조금 설명할 필요성을 느낀다. 왜 굳이 한과 만들기의 기초지식에 대해 언급할 필요성을 느낀 것인지 말하자면 요즘 시대에서는 한과를 집에서 직접 만들어 먹는 경우가 드물어 한과의 용어와 한과를 만드는 과정들이 낯설게 느껴지는 분들이 많을 것이라는 생각을 하게 되었다.

　그런 분들이 한과의 레시피를 본다고 해서 한과 만들기가 쉬워지지는 않을 것이다. 그래서 한과를 만들 수 있는 레시피를 제공하기 전에 먼저 한과 만들기에서 중요한 과정과 그 과정에 사용되는 용어에 대해 포괄적으로 이야기하고 넘어가야겠다고 생각했다. 이를 통해 한과의 레시피를 접하면 보다 쉽게 한과가 만들어지는 구체적인 과정을 이해하고 따라가기 쉬울 것이다.

　한과의 종류별로 중복되는 과정이 있고, 다식, 과편, 숙실과, 엿강정 등은 시간은 많이 소요되지만 정작 만드는 과정은 단순하므로 언급하지 않고 만들기 복잡하고 따라 하기 어려운 과정을 가진 약과와 유과, 정과 등의 핵심이 되는 과정에 대해서만 이야기하도록 선별했다.

　더불어 한과 만들기에 사용되는 도구들을 한과 만드는 과정에서 사용되는 용도에 따라 소개했는데 이 역시 우리가 한과를 만드는 도구들을 과거로부터 물려받았지만 현재에는 낯선 것들이 많아 익숙해지도록 설명이 필요하다는 생각에서였다.

도구들의 소개에 있어서는 오래된 도구들도 있지만 이를 대체할 수 있는 현대적인 도구들도 함께 소개하였다. 오래된 도구들을 접함에 있어서는 실제로 사용하지 않더라도 그 역사와 사용법을 숙지하여 전통적인 방법으로 한과가 만들어지는 모습을 상상하고, 현대적인 도구들에 있어서는 실용성과 편리함을 느껴 보다 한과 만들기에 친숙해지길 바라는 마음이다.

이런 바람이 전해지길 바라며 이 장을 본격적으로 시작하도록 하겠다.

약과를 만드는 중요 과정

약과의 주재료

❖ 서양의 대부분의 과자들이 밀가루를 주재료로 만들어진 것에 비해 우리나라의 한과는 밀가루의 사용이 적은 편이다. 밀가루 대신 쌀 등의 다른 곡류나 채소, 과일의 사용이 훨씬 많다. 그러나 약과만은 다르다. 한과에서 거의 유일하게 밀가루가 주재료로 사용되는 것이 약과이다.

약과의 주재료인 밀가루에 대해 살펴보면 단백질의 함량에 따라 강력분, 중력분, 박력분으로 구분할 수 있는데, 강력분은 단백질의 함량이 많고 반죽해 놓으면 탄력성과 점성이 강하다. 박력분의 경우엔 강력분에 비해 단백질의 함량이 적고 탄력성과 점성도 약하다. 중력분은 강력분과 박력분의 중간 정도에 해당하는 단백질 함량과 탄력성, 점성을 가지고 있다고 보면 된다.

한과의 약과를 만들 때는 주로 중력분이나 박력분을 사용하는 경우가 많다.

약과의 기름 먹이기

◈ 약과에는 본격적인 반죽이 시작 되기 전 특이하게 참기름이 들어간다. 주재료인 밀가루에 소금과 후추로 간을 하고 체에 내려준 후 체에 친 밀가루에 참기름을 넣어 섞어주는데 이 과정을 기름 먹이기라고 한다.

기름을 먹이는 이유는 약과를 기름에 튀길 때 잘 부풀어 오르게 만들기 위해서인데, 기름을 먹인 양에 따라 약과가 부풀어 오르는 정도와 결이 살아나는 정도가 달라진다. 기름 먹이는 과정에 들어간 참기름의 양이 지나치게 많으면 튀기는 도중 약과가 분리되기 쉽다. 또한 같은 약과라 하더라도 그 모양에 따라 참기름의 양을 달리해야 하는데 반죽을 칼로 네모난 모양으로 잘라 튀기는 개성모약과 등의 경우보다 반죽한 덩어리 자체를 모양을 내는 약과 틀에 찍어내는 약과의 경우 기름의 양이 적어야 한다. 다식판에 찍어 튀긴 다식과의 경우도 마찬가지다.

약과의 반죽하기

◈ 약과를 만들기 위해 기름을 먹인 밀가루는 설탕시럽, 조청, 꿀 등과 소주 등의 술로 반죽을 하게 된다. 참기름만큼 술의 역할도 큰데 술을 반죽에 첨가하지 않으면 약과를 튀겼을 때 위로는 부풀지 않고 옆으로만 퍼지게 되어 제대로 된 모양을 내기 힘들다. 참기름

과 마찬가지로 술도 적당량을 넣는 게 중요한데 너무 많이 넣으면 약과가 너무 많이 부풀어 오르고 결이 살지 않아 역시 원하던 모양으로 만들 수 없다.

단맛을 내는 재료인 설탕시럽, 조청, 꿀 등의 경우에도 주의할 것이 있는데 너무 많이 넣으면 반죽의 글루텐gluten 형성을 막는다. 글루텐 형성이 잘 되지 않은 반죽으로 만든 약과는 잘 부스러진다.

반대로 글루텐 형성이 너무 과도하면 약과는 쫀득해지는 것이 아니라 단단해지면서 특유의 식감과 맛을 잃어버리게 되므로 반죽에 있어 적당하게 글루텐을 형성하는 것이 매우 중요하다. 보통 반죽은 오래시간 반죽을 할수록 글루텐의 생성이 많아지므로 약과의 반죽시에는 되도록 짧은 시간에 반죽을 완성하는 것이 좋다.

약과의 튀기기

✥ 기름에 반죽 등을 넣고 튀기게 되면 반죽에는 기름이 스며들고 반죽 안의 수분은 기름 밖으로 빠져나오는 상호작용이 일어난다. 이때 기름의 온도와 튀기는 시간 등으로 인해 상호작용이 너무 과도하게 일어나면 기름을 너무 많이 먹고 수분도 너무 많이 뺏겨 기름지고 뻑뻑한 약과가 만들어지게 된다. 따라서 튀길 때의 시간과 온도 등이 약과의 맛과 질을 좌우하게 되는데 적절하게 튀겨내는 것이 매우 중요하다.

약과의 경우 처음에는 110도 정도의 온도에서 튀기기 시작해서 나중에 온도를 올려 튀기거나, 110도 정도의 온도의 기름에 약과를 집어넣고 튀기다 160도 정도의 기름에 옮겨 튀기는 것이 약과를 잘 튀기는 요령이 될 수 있다.

이렇게 온도를 달리해서 튀기는 이유는 저온에서 계속해서 약과를 튀기면 약과의 결 사이로 튀김기름이 계속 스며들기 때문이다. 반대로 처음부터 높은 온도에서 계속 튀기게 되면 약과의 겉은 시커멓게 타고 속은 안 익게 된다.

그러므로 110도 온도의 기름에 약과 반죽을 넣고 반죽이 가라앉으면서 생기는 수분의 증발로 인한 약과 표면의 작은 기포를 확인하고, 결이 생기면서 약과가 기름 위로 떠오르면 수분증발이 제대로 이루어지고 기름의 스며듦 역시 적당히 이뤄진 것이므로 온도를 올리거나 160도 정도의 기름에 옮겨 튀긴다. 이렇게 기름의 온도가 높아지면 결 사이로 스며들었던 기름의 일부가 빠져나가고 약과의 색이 만들어지게 된다.

약과의 즙청하기

❖ 약과를 튀긴 후에는 마지막으로 즙청이라는 과정을 거치게 된다. 즙청이란 조청이나 꿀 등 단맛을 내는 재료를 한과의 표면에 발라주고 계핏가루 등을 뿌려 준 후 재워두는 것을 말한다. 이러한 즙청과정을 통해 한과는 더욱 맛있어지고 향을 더하기도 하는데 약과의 경우 즙청을 하게 되면 단맛도 생기지만 기름에 튀겨 지방을 함유하고 있는 약과의 산화를 지연시켜주며, 약과의 풍미를 유지해주는 역할까지 해준다. 또, 꿀 자체가 방부제의 효능을 가지고 있어 보관을 용이하게 한다.

약과에 즙청을 할 때는 대체로 튀긴 약과가 식기 전, 뜨거울 때 바로 하는 경우가 많은데 이렇게 즙청을 하게 되면 조청이 약과에 잘 스며들어 즙청하는 시간이 줄어드는 장점이 있다. 한편 약과의 기름을 줄이기 위해 한지 등에 약과를 놓고 기름을 빼고 즙청을 할 경우에는 약과가 식어 즙청이 잘 스며들지 않으므로 즙청하는 시간을 좀 길게 하는 것이 좋다.

참고로 취향에 따라 단맛을 조절하고 싶을 때 즙청의 시간과 양을 조절하는 것도 한 방법이다.

유과를 만드는 중요 과정

유과의 주재료

❖ 유과는 쌀이 주재료다. 우리가 보통 밥을 지어 먹는 멥쌀도 쓰지만 주로 끈기, 즉 점성이 멥쌀보다 많은 찹쌀을 많이 사용한다.

찹쌀이 멥쌀보다 점성이 많은 이유는 아밀로오스amylose와 아밀로펙틴amylopectin의 함량이 멥쌀과 찹쌀이 다르기 때문이다. 아밀로오스와 아밀로펙틴은 모두 곡류 등에 들어있는 녹말성분의 하나인데 맛과 색이 없는 흰색가루이다. 두 성분 모두 점성을 가지고 있지만 물을 넣고 가열했을 때 아밀로오스보다 아밀로펙틴의 점성이 강하다. 찹쌀의 경우엔 아밀로오스의 함유량은 제로에 가까운 반면 아밀로펙틴은 성분의 대부분을 차지하고 있어 아밀로오스도 일정부분 함유하고 있는 멥쌀에 비해 점성이 강한 것이다.

이러한 찹쌀을 유과의 재료로 사용하면 멥쌀을 사용했을 때보다 유과를 만들었을 때 부스러짐이 덜하고 유과 특유의 끈기가 더해지며 모양도 예쁘게 잡혀 보기에도 좋고 맛도 좋다.

유과의 삭히기

❖ 유과를 만들기 위해서는 가장 먼저 유과의 주재료인 찹쌀을 2~3주 정도 물에 담가두어 골마지가 생기도록 삭혀야 한다. 골마지란 간장, 고추장, 김치, 술, 식초 등 물기가 많은 음식의 겉표면에 생기는 곰팡이 같은 흰색의 막을 말한다.

골마지가 생성됐다는 것은 발효가 되었다는 말이다. 이 발효과정을 거치므로 유과는 소화가 잘 되고 유산균을 포함하고 있는 음식이 된다.

골마지가 생긴 찹쌀은 뽀얀 물이 사라질 때까지 씻어 곱게 빻아 찹쌀가루로 만들고 이 가루를 가지고 반죽을 하여 유과를 만든다. 삭히기 과정을 거쳐 가루로 만들어진 찹쌀가루는 찹쌀가루 입자가 공기를 많이 함유하여 균일하게 호화糊化가 잘 일어난다. 호화란 전분을 물과 함께 섞어 열을 가하면 부풀어 오르고 점성이 증가하는 것을 말한다. 삭히기가 잘 된 찹쌀가루를 사용할수록 유과를 기름에 튀겨냈을 때 잘 부풀어 오르고 점성이 뛰어나 잘 부서지지 않으며, 제 모양을 유지하게 되므로 삭히기 과정은 중요하다.

유과의 반죽하기

❖ 유과의 반죽은 삭힌 찹쌀을 빻거나 분쇄하여 만든 찹쌀가루에 콩물과 소주 등을 넣어 잘 섞어주는 것으로 시작된다. 이중 콩물과 소주 등의 술을 넣어주는 것이 중요한데 콩물을 사용하면 일반적

인 물을 사용하는 것보다 영양가가 높을 뿐 아니라 유과의 맛도 더 고소해지고 바삭거리는 식감도 좋아진다. 또 술은 술에 들어있는 효모로 인해 반죽을 찔 때 잘 팽창하고 점성이 좋아지게 만든다. 참고로 술의 양은 콩물의 사용 양에 따라 조절하여 첨가한다.

유과의 익히기

❖ 찹쌀가루, 콩물, 소주 등을 넣어 잘 섞어 준 반죽은 그대로 사용하는 것이 아니라 찜통에 넣어 고온의 증기로 쪄 주어야 한다. 이를 익히기라고 한다. 익히는 방법은 반죽이 찜통에 달라붙지 않도록 젖은 행주를 찜통에 깔고 찌며, 반죽이 완전히 익어 부풀어 오르고

투명해질 때까지 찐다. 중간에 반죽을 뒤집어 주는 것, 너무 큰 반죽은 적당한 크기로 나눠 서로 달라붙지 않도록 사이를 떼어 놓고 찌는 것도 요령이다.

익히기의 과정을 통해 반죽이 수분을 흡수하면서 점성이 커진다. 또한 익히기의 과정에서 반죽이 완벽하게 익어야지만 익히기의 과정 뒤의 치기나 말리기, 튀기기 등의 후속과정에서 제대로 반죽에 공기가 고루 들어가며, 잘 부풀어 오른다.

유과의 치기

◆ 익히기의 과정을 통해 완전히 익힌 반죽은 부푼 형태이며 색은 투명하다. 이 반죽을 꺼내 절구에 넣은 후 방망이로 치는 것을 치기라고 한다. 치기는 꽈리가 일 때까지 계속하는데, 반죽에서 가는 실이 늘어지고 색이 우유처럼 뽀얗게 흰 색이 되면 알맞게 쳐진 것이다.

치기를 하는 이유는 반죽에 공기가 고르게 들어가고 반죽의 조직이 치밀해지도록 하기 위함이다. 치기를 통해 반죽에 유입된 공기는 유과를 튀겨낼 때 고르게 팽창할 수 있도록 해 준다.

유과의 말리기

◆ 치기를 끝낸 유과의 반죽은 떡 반죽과 비슷하다. 이 반죽을 도마 등의 넓은 판 위에 전분을 뿌린 후 쏟아 펼치고 다시 전분을 뿌려 도마와 밀대에 반죽이 들어붙지 않도록 한다. 다음으로 밀대를 이용해 반죽을 얇게 펴주는데 다 핀 후에는 만들려고 하는 유과의 모

양에 맞게 썬다. 썰어진 반죽은 한지를 깐 채반에 서로 붙지 않도록 공간을 두고 펼쳐 놓은 후 실내에서 말린다. 이를 말리기라고 한다.

유과의 말리기는 반죽을 바짝 말리는 것이 아니라 일정 정도의 수분을 남긴 상태로 말려야 한다. 약 10~15%의 수분이 있는 상태로 말리는 것이 좋은데 이는 반죽을 손톱으로 눌러 보았을 때 조금 들어가는 정도이다.

이렇게 말리는 이유는 말린 유과의 반죽에 남아있는 수분이 너무 많으면 튀겼을 때 반죽이 순간적으로 부풀어 올랐다가 바로 푹 꺼지고, 수분이 너무 적으면 잘 부풀어 오르지 않기 때문이다. 또한 반죽을 너무 급격하게 말리거나 많이 말리면 반죽에 균열이 생기고 부스러지므로 천천히 시간을 들여 말리는 것이 좋다.

참고로 적당히 말려진 반죽을 바로 튀겨내지 않고 보관할 때에는 한지로 싸고 다시 랩으로 이중 포장하여 냉동고에 보관하여 수분이 늘어나거나 상하지 않도록 한다.

유과의 튀기기

✤ 유과 만들기에 있어 모든 과정의 노력이 모여 상호작용을 일으키며 결과로 나타나는 가장 중요한 과정이 튀기기 과정이다. 튀기기 과정을 통해 반죽의 아밀로펙틴성분과 반죽이 머금은 공기가 팽창하며, 모양을 잡는 고정화가 이루어지고, 반죽에 기름이 침투하고, 전분이 소화가 잘되게 변하게 된다. 또한 향미 성분이 형성되어 맛과 향이 좋아지는 등 튀기기 과정에서 한꺼번에 반죽의 물리적 화학적 변화가 일어난다.

이 튀기기 과정을 하기 위해서는 우선 말리는 과정에서 나타나는 유과반죽의 표면에 붙은 가루를 솔 등으로 말끔히 털어내야 한다. 유과는 처음에는 90도 정도의 낮은 기름에 넣고 튀기는데 이때 서서히 반죽이 부풀기 시작하려는 것이 보이면 숟가락 등을 이용해 원하는 유과의 모양을 빠르게 잡아준다. 모양을 잡고 유과반죽이 부풀기 시작하면 바로 160~170도 정도의 기름에 반죽을 옮겨 튀기고, 반죽이 확 부풀어 오르면 건져낸다. 이때 반죽을 늦게 건져 올리면 겉 표면의 색이 갈색으로 변하므로 반죽의 색이 흰색일 때 빨리 건져내야 한다.

건져낸 유과는 한지를 깔아 놓은 채반에 놓아 기름기를 뺀다.

유과의 즙청하여 고물 묻히기

◆ 유과를 먹어 본 사람이라면 알겠지만 유과의 속은 비어 있다. 이 속에 공기가 들어있으니 유과는 공기를 품은 과자이다. 조직도 듬성듬성하다. 이러한 특유의 형태가 부드럽게 바삭하며 적당히 끈기와 단맛을 가진 유과의 식감과 맛을 탄생시키지만 한편으로는 유과가 품고 있는 공기와 튀긴 기름 때문에 공기가 접촉하면 산소에 의한 산패가 일어나기 쉽다.

이러한 산패를 막아줄 뿐 아니라 유과의 맛을 더하는 것이 바로 즙청이라는 과정이다. 즙청은 튀긴 유과의 표면에 꿀, 조청 등을 바르는 것이다. 즙청을 하게 되면 달콤한 맛이 더해지고, 유과 표면에 막을 생성해 공기 중에 놔두어도 공기 중 산소가 유입되는 것을 차단해 산패를 예방해 준다.

즙청의 방법은 즙청에 사용되는 물엿이나 조청, 시럽 등에 튀긴 유과를 담갔다가 꺼내 체에 올려 뚝뚝 떨어지는 여분의 즙청을 제거하는 방법, 붓처럼 생긴 솔 등을 이용해 솔에 즙청 재료를 묻혀 유과 표면에 고르게 바르는 방법 등이 있다. 솔 등을 이용하면 즙청재료의 낭비를 막고 과도하게 즙청이 묻는 것을 제어할 수 있지만 유과의 표면 전체에 고르게 빠진 부분 없이 바르기가 쉽지 않아 보통 즙청 재료에 유과를 담갔다가 건져 올리는 방법으로 즙청을 하는 경우가 많다.

즙청이 끝나면 튀밥 등 고물을 묻혀 유과를 완성한다. 이 고물의 재료에 따라 유과의 맛과 색 등이 다양해진다.

정과를 만드는 중요 과정

정과의 재료다듬기

◆ 정과의 주재료는 식물의 열매나 뿌리, 줄기 등으로 매우 다양하기 때문에 정과의 재료별로 조직의 단단함 등이 천차만별이다. 이를 고려하여 조리는 과정에서 꿀이나 조청 등이 재료의 조직에 잘 스며들 수 있도록 각 재료별로 손질하는 방법이 다르다.

정과의 데치기

◆ 우엉, 연근, 도라지, 생강, 당근, 죽순, 무, 수삼, 홍삼, 비트 등의 뿌리채소들은 조직이 단단하여 조리는 과정에서 꿀 등이 잘 스며들게 하기 위해서는 먼저 물에 데쳐주어야 한다. 깨끗하게 씻어 손

질한 재료를 정과를 만들기에 알맞은 두께와 크기로 썰어 끓는 물에 넣어 데치면 된다. 이때 우엉이나 연근 등은 색이 변하는 갈변효소를 가지고 있으므로 끓는 물에 식초를 약간 넣어 데치면 색이 변하는 것을 막을 수 있다. 또, 생강, 도라지, 당근, 무, 죽순 등은 데치는 과정을 통해 특유의 강한 맛이나 아린 맛 등이 사라지게 된다.

정과의 불리기

◆ 정과의 재료로는 산사山查나 맥문동처럼 말린 재료가 사용되기도 한다. 이처럼 말린 재료를 사용할 때에는 깨끗이 씻어 물에 불려 사용한다. 불릴 때에는 재료가 물에 충분히 잠길 정도로 물을 부어주며, 말린 정도에 따라 시간을 달리하여 충분히 불려준다. 덜 불린 재료를 사용하여 정과를 만들면 조리는 과정에서 꿀 등의 재료가 충분하게 스며들지 못한다. 따라서 말린 재료가 물에 불어 원래의 형태가 되살아날 정도로 불려준다.

정과의 찌기

◆ 조직이 단단하거나 말린 재료와는 달리 사과나 배 등의 과일은 조직이 연하여 조리기 전에 데치거나 불리기 등의 과정이 필요하지 않다. 문제는 조직이 연하여 꿀 등에 조리면 조직자체가 풀어져 버려 제대로 된 정과의 모양을 내기 힘들다는 것이다. 때문에 사과나 배처럼 연한 조직의 재료들은 조리는 과정 대신 찌는 과정으로 정과를 만든다. 깨끗이 씻어 만들고 싶은 정과의 모양으로 썰어준 후 찜통을 활용해 살짝 쪄내고 설탕 등을 묻혀 정과를 만든다. 찜통에 찔

때에도 너무 오래 찌면 조직이 풀어져 모양이 뭉그러질 수 있으므로 주의를 기울여 적당히 찌는 것이 필요하다.

정과의 담그기

❖ 감자나 고구마처럼 전분이 많은 재료 역시 꿀이나 조청, 설탕시럽 등에 조리면 문제가 발생한다. 감자나 고구마에 대량 함유되어 있는 전분이 풀어져버려 조직이 연해지고 모양이 뭉그러지며, 감자나 고구마의 맛도 손상되기 때문이다. 따라서 감자와 고구마는 조리는 것보다는 적당하게 썰어 물에 살짝 데친 후 뜨거울 때 조청이나 진하게 만든 설탕 시럽 등에 담가 정과를 만들면 단맛은 스며들면서 감자나 고구마 속의 수분은 빠져 정과 특유의 투명한 색을 가진 감자정과, 고구마정과를 만들 수 있다.

정과의 조리기

❖ 재료의 특성에 맞게 데치거나 불려 조리는 과정에서 꿀이나 설탕시럽 등이 잘 스며들게 사전준비를 했다면 이제 남은 것은 정과의 조리기이다. 조리기는 말 그대로 손질되고 사전 과정을 거친 재료들을 꿀이나 설탕시럽 등에 넣고 조리는 것이다.

조리는 방법은 재료들이 잠길 정도의 물을 붓고 여기에 꿀이나 조청, 설탕 등을 적당량 넣고 약한 불에서 서서히 시간을 들여 조리면 된다. 이 과정을 통해 재료에는 단맛이 스며들며 재료의 색은 점점 투명해진다. 주의할 것은 조리는 물에 넣는 설탕과 꿀 등 단맛을 내는 재료로 만들어지는 농도이다. 조리기가 잘되어 맛있는 정과가 만들

어지려면 조리기의 과정에서 재료에서 빠져나오는 수분과 재료에 스며드는 단맛이 적절해야 하는데 농도가 너무 진하면 단맛이 스며드는 속도보다 재료의 수분이 빠지는 속도가 빨라 재료의 속까지 조려지지 못하고 표면만 조려져 제대로 된 맛있는 정과가 만들어지지 못한다. 때문에 조리기를 할 때에는 농도에 주의를 기울일 필요가 있다.

잘 조려지고 적당히 수분이 남아있는 정과는 서양의 잼처럼 오래 두고 먹어도 잘 부패하지 않는다.

한과를 만들 때 쓰는 계량도구들

되와 말

❖ 젊은 사람들에게는 되와 말이 익숙하지 않겠지만 내가 젊었을 때만 해도 되와 말은 곡식 등을 살 때 시장에서 많이 들을 수 있었던 계량단위였다. 요즘도 시골 등의 어르신들은 되와 말이라는 말을 쓰시는 분들을 종종 볼 수 있다. 설명하자면 되는 곡식이나 액체 등의 분량, 혹은 부피를 재는데 쓰는 옛날 도구로 승升이라고도 한다. 나무나 쇠로 만든 정사각형 모양의 정육면체나 직사각형 모양의 직육면체의 모양을 가지고 있으며 주로 나무로 만든 것이 많이 사용되었다.

1되는 보통 10홉을 말한다. 한 홉은 한 되의 10분의 1로 지금의 단위로 환산하면 약 180mL에 해당한다. 그러니까 한 되의 경우에는 약 1800mL의 부피를 가진다고 보면 된다. 열 되가 모이면 한 말이 된다.

계량컵과 계량스푼

❖ 예전에는 되와 말을 이용했지만 요즘에는 계량스푼과 계량컵이 주로 사용된다. 이는 한과를 만드는 경우에도 마찬가지여서 한과의 레시피는 계량스푼과 계량컵을 기준으로 쓰는 것이 보통이다. 계량스푼과 계량컵을 사용하면 좋은 점이 있는데 음식의 맛을 비교적 일정하게 유지할 수 있는 재료의 수치화가 용이하고, 누구나 레시피만 보고도 사용량을 알 수 있어 음식을 만들 수 있다는 점이다.

이러한 계량스푼이나 계량컵은 특히 소량의 음식을 만들 때 적은 재료의 분량까지 잴 수 있어 편리하다.

계량컵은 보통 파이렉스나 플라스틱, 스테인리스, 스틸 등으로 만들어진 제품이 있다. 일반적으로 계량컵으로 1컵은 200mL이고, 1큰술은 15mL, 1작은술은 5mL를 의미한다. 참고로 계량컵이 없을 때는 종이컵을 사용할 수 있는데 우리가 보통 자판기 커피를 마실 때 사용하는 종이컵이 200mL 정도이다.

물 등 액체를 계량할 때에는 스테인리스나 스틸 등의 속이 안 보이는 철강제품으로 만들어진 계량컵보다는 수치를 쉽게 확인할 수 있는 파이렉스나 플라스틱 등으로 만들어진 투명한 제품을 사용하는 것이 편리하다.

저울

❖ 저울의 종류는 생각보다 다양하다. 경사저울, 달기저울, 선별저울, 전자저울, 접시저울, 천칭저울 등이 있으며 용도 역시 양을 재기도 하지만 물건을 선별하는 목적 등으로 사용되는 저울 등 종류

에 따라 용도가 다르다.

한과 만들기에 있어서는 주로 재료의 양을 재기 위해 저울이 사용되며 전자저울과 숫자가 시계처럼 눈금으로 표시된 눈금저울이 주로 사용된다. 저울의 민감도가 세밀할수록 소량까지 잴 수 있으므로 디자인보다는 필요와 실용성에 따라 저울을 선택하여 사용하는 것이 좋다.

한과의 재료는 가루로 만들어 사용하는 것이 많으므로 재료를 담은 그릇을 올릴 수 있는 저울이 실용적이다.

참고로 저울을 다룰 때는 신중해야 하는데 저울을 잴 때에는 평평한 곳에 놓고 재며, 저울을 옮길 때는 위에서 집어 들지 말고 아래 받침 부분을 받쳐 들어 옮기는 것이 좋다. 또, 저울을 사용하지 않을 때 저울 위에 물건 등을 올려놓으면 저울이 쉽게 고장날 수 있으므로 주의하도록 한다.

한과의 재료를 다루는 도구들
방아

❖ 곡물을 절구에 넣고 찧거나 빻아 곡물의 껍질을 벗기거나 가루로 만드는데 쓰이는 전통적인 도구이다. 종류로는 지렛대의 원리를 이용하여 발로 디디어 찧는 디딜방아, 물의 힘을 이용하는 물레방아, 그리고 소나 말 등 가축의 힘을 이용하는 연자방아 등이 있으며, 주로 나무나 돌로 만들었다. 드물게는 흙이나 도자기로 만든 방아도 존재한다.

현재에는 곡식의 탈곡과 제분 등이 거의 기계로 이루어지므로 방아를 사용하는 일이 매우 드물고 보기 힘들다.

절구와 절굿공이

❖ 주로 곡식을 찧거나 빻는 데 사용하는 도구로 절구에 곡식을 넣고 방망이처럼 생긴 절굿공이로 절구 안의 곡식을 찧거나 빻는다. 나무절구, 돌절구, 쇠절구 등 재료에 따라 다양한 절구가 있으며 크기도 여러 가지다. 절굿공이 역시 마찬가지다.

시골에서는 지금도 가끔 절구가 사용된다. 또, 아주 작게 만들어진 절구는 일반 가정에서 마늘 등을 빻는데 사용되고 있다.

한과에서는 유과의 바탕이 되는 반죽을 만들 때 찹쌀가루로 만든 반죽을 절구에 넣어 치며, 흑임자다식을 만들 때 흑임자가루를 찐 후 흑임자의 기름이 밖으로 새어 나오도록 절구에 쳐서 만든다.

믹서와 분쇄기

❖ 재료를 잘게 다지거나 여러 가지 재료를 골고루 섞을 때 효과적으로 쓸 수 있는 현대적인 도구다. 믹서의 경우 물이 없으면 갈기 힘들기 때문에 마른재료나 단단한 재료를 갈 때 보다는 수분이 들어 있는 재료나 물을 섞어 갈아주는 재료에 주로 사용한다.

이와 달리 분쇄기의 경우에는 물이 없어도 재료를 갈 수 있어 단단한 재료나 마른재료를 갈 때 사용하면 좋다. 다식에 사용하는 가루나 대추 등을 다질 때 분쇄기를 사용하며, 숙실과 생강란을 만들 때는 믹서기를 이용하여 생강을 간다.

키

◈ 절구 등에 찧어 껍질을 벗겨내면 절구 안에 껍질과 껍질이 벗겨진 곡식의 알곡이 함께 섞여 들어있다. 이를 분리하기 위해 사용하는 도구가 고리버들을 엮어서 만든 키이다. 키의 모양새는 앞은 넓고 편편하고 뒤는 우묵하고 좁은 데 찧은 곡식을 키의 앞부분에 담아 가볍게 위 아래로 흔들어 주면 껍질과 티끌 등 가벼운 것들은 바람에 날아가고 무거운 알곡들은 오목한 부분에 모여든다. 키를 아래위로 흔들어 주는 행위를 '나비질 하다', '까부르다'라고 말하기도 한다.

맷돌, 맷방석, 매판

◈ 맷돌은 주로 곡물을 갈아서 가루로 만들 때나 물에 불린 곡식 등을 갈 때에 쓰는 기구로 밀과 같은 곡물을 가루로 만들거나 팥이나 콩, 메밀, 녹두 등을 거칠게 갈 때, 물에 불린 콩 등을 갈 때 주로 쓰인다. 맷돌은 돌로 만들며, 아래짝 위짝을 같은 크기로 만들어 아래짝에는 수쇠, 위짝에는 암쇠를 끼워 맷돌을 돌릴 때 돌들이 서로 벗어나지 않도록 한다. 맷돌의 위짝에는 곡식을 넣을 구멍이 있다. 주로 현무암으로 맷돌을 많이 만드는데 이는 현무암 자체가 표면이 거칠기 때문에 곡식을 잘 갈 수 있기 때문이다. 현무암이 아닌 돌을 사용하여 맷돌을 만들려면 위짝과 아래짝이 접하는 부분의 면을 인위적으로 쪼아 거칠게 만들어야 한다.

맷방석은 맷돌 밑에 깔아 맷돌에 갈려 나오는 가루들을 받아내는 도구이며, 매판은 흘러내리는 곡식을 한 곳으로 모이도록 만든 나무 그릇으로 맷돌을 올려 놓는 기구이다.

맷돌을 사용하여 곡식을 가는 것은 생각보다 힘이 든다. 큰 맷돌을 사용하여 대량의 곡식을 갈 때에는 혼자서는 못 갈고 둘이 힘을 합쳐 갈아야 하는데 이때에는 두 사람이 마주보고 한사람은 맷돌을 돌리고 한사람은 구멍에 곡식을 집어넣는 분업의 형태를 취한다. 두 사람의 호흡이 맞아야 맷돌이 멈추지 않는다. 힘이 들면 번갈아가며 맡은 임무를 교대한다.

강판

◈ 강판은 과일이나 채소 등을 갈거나 즙을 낼 때, 무 등을 채 썰 때 주로 사용한다. 크기와 모양이 다양하고 갈리는 정도 등이 다르므로 용도에 맞게 선택하여 사용하면 된다. 많은 양을 강판을 사용해 갈거나 즙을 내는 것은 힘이 들므로 대체로 적은 양의 과일이나 채소를 갈거나 즙을 낼 때 사용한다. 플라스틱, 스테인리스 스틸, 나무, 사기로 된 것 등 재질도 다양하다.

잣가루 갈이

◈ 원래는 단단한 치즈를 갈 때 쓰는 도구지만 많은 양의 잣을 가루 낼 때도 유용하게 사용할 수 있다. 잣가루를 낼 때 사용하면 좋은 것이 지방을 다량 함유하고 있는 잣은 절구에 찧거나 분쇄기로 갈게 되면 지방으로 인해 덩어리지기 쉽기 때문이다. 덩어리진 잣은 다시 칼로 다지거나 톱니가 있는 롤러를 사용해 가루로 만들어야 하는데 치즈를 갈 때 사용하는 도구를 이용하면 그럴 일이 없어 편리하다.

| 강판, 필러, 체

필러

◈ 정과의 재료로 사용되는 연근, 무, 감자 등의 껍질을 얇게 벗길 때 사용하는 조리도구이다.

체

◈ 절구나 맷돌, 분쇄기 등을 통해 가루를 낸 재료들은 입자가 그리 곱지 못하며 고르지 않다. 이때 체에 밭쳐 쳐내면 고운 입자는 체의 구멍으로 빠져 나가 모아지고 굵은 입자는 체에 남아 걸러낼 수 있다. 고운 가루를 얻기 위해 사용하는 도구로 체에 난 구멍이 작은 고운 체일수록 고운 가루를 얻을 수 있다.

가루뿐만 아니라 즙을 낸 과일이나 채소들을 체에 걸러 덜 갈아진 덩어리들과 액체 상태의 즙을 분리하는데도 사용된다.

한과에서는 메밀가루를 내릴 때, 유과용 쌀가루나 약과용 밀가루를 내릴 때, 강란용 생강을 갈아 건더기를 건질 때 등에 두루 이용될 수 있다.

천주머니

✧ 고운 베나 면 등의 천으로 만든 주머니를 이용하면 한과 만들기에 필요한 녹말앙금이나 팥앙금의 물기를 짤 때 유용하다.

한과의 재료를 익히는 도구들

망국자

✧ 국자처럼 손잡이가 달린 망을 말한다. 한과를 만드는 과정 중에는 기름에 튀기거나 즙청을 하는 과정이 많은 데 이때 망국자를 사용하여 튀긴 한과를 건져내고, 즙청한 후에는 망국자에 한과를 담아 여분의 엿물 등이 망의 구멍으로 빠져나가게 한다. 망국자는 크기도 다양하고 구멍의 조밀함도 여러 가지이므로 사용하는 용도에 따라 국자의 크기와 망 구멍의 조밀함을 선택하여 사용하도록 한다. 참고로 여분의 엿물을 뺄 때에는 크기도 크고 밑이 평평한 납작하게 생긴 망을 사용하여야 한과를 겹치지 않게 놓을 수 있고, 한과가 겹쳐지지 않아야 고르게 여분의 엿물이 빠져나갈 수 있다. 한과가 겹쳐지면 위에 놓인 한과의 엿물이 아래에 놓인 한과에 다시 스며들 수 있다.

찜통

✧ 유과를 만드는 과정에서 찹쌀반죽을 찔 때 사용한다. 찜통은 보통 뚜껑과 찜기로 이루어져 있는데 양철통 등에 물을 붓고 면보를 깔고 면보 위에 반죽을 놓은 찜기를 얹어, 뚜껑을 덮어 찌면 된다. 찌

| 망국자

는 도중 물이 부족하다 싶으면 찜통을 잠시 빼어 자유롭게 통에 물을 보충할 수 있어 편리하다.

속뚜껑

❖ 속뚜껑은 한과의 정과를 만들거나 숙실과의 밤초를 만드는 경우처럼 서서히 오래 조려야 할 때 사용하면 좋은 도구다. 조리기를 하는 냄비 안에 속뚜껑을 덮어주면 재료의 위, 아래가 골고루 익고 단맛의 스며듦도 고르게 된다.

주걱

❖ 엿강정을 만들시 깨나 콩, 잣 등 재료를 넣어 섞어줄 때 쓴다. 주걱의 종류는 재질에 따라 나무주걱, 플라스틱 주걱, 쇠주걱, 고무

주걱 등이 있는데 한과를 만들 때는 나무주걱을 쓰는 것이 좋다. 나무주걱은 다른 재료들에 비해 음식의 맛과 영양에 영향을 별로 주지 않기 때문이다. 주걱의 모양과 크기는 조리도구의 모양과 크기에 맞춰 사용한다.

고무주걱의 경우에는 최근에 많이 사용되는 주걱인데 탄력성을 가진 고무로 인해 그릇에 눌어붙거나 바닥에 남아있는 반죽을 깨끗이 덜어낼 수 있다는 장점을 가지고 있다. 알뜰주걱이라고도 불린다.

온도계

❖ 식품을 조리할 때 사용되는 온도계는 냉동용, 냉장고용, 오븐용, 육류용, 캔디나 젤리용, 튀김용 등 다양한데 모양도 목적에 맞게 약간씩 다르다. 한과에서는 주로 튀김용 온도계를 사용할 일이 많은데 유밀과와 유과를 튀길 때 튀김기름의 온도를 잴 때 이용한다.

온도를 재는 목적의 온도계 이외에도 단맛의 정도를 측정해 주는 당도계도 사용할 수 있다. 당도계로 한과에 사용되는 설탕시럽 등의 즙청액의 당도나 정과류나 숙실과의 재료로 사용되는 과일 등의 당도를 측정해 한과의 단맛을 조절한다.

한과의 모양을 내는 도구들

밀판, 밀대, 밀방망이

◈ 한과의 모양을 내는 것은 반죽을 미는 것에서부터 시작된다고 할 수 있다. 한과에 따라 밀어서 얇게 피는 정도가 다르고, 고르게 잘 밀어야 미는 과정에서 반죽의 입자와 만나게 되는 공기의 양이 한과의 맛과 팽창, 모양에도 영향을 미치기 때문이다. 반죽을 밀 때 사용하는 도구들은 밀판, 밀대, 밀방망이가 있다. 밀판은 나무로 된 넓은 도마 같은 것으로 여기에 반죽을 얹어 놓고 밀대와 밀방망이를 사용해 반죽을 넓게 편다.

참고로 밀판은 두꺼울수록 뒤틀림이 없어 반죽을 밀 때도 좋고, 오래 두고 사용할 수 있다.

밀판과 밀대, 밀방망이가 없거나 사용하기 불편하다면 다용도 롤러와 국수를 만드는 기계인 국수틀을 이용해 쉽게 반죽을 펼 수도 있다. 이 도구들은 힘이 들지 않으면서도 일정한 두께로 반죽을 펼 수 있으며, 반죽의 두께도 조절하기 쉽다. 유밀과의 매작과나 타래과, 차수과 등은 반죽을 특히 얇게 밀어야 하는데 이때 다용도 롤러와 국수틀을 이용하면 편리하다.

약과판

✧ 유밀과의 대표인 약과의 반죽을 박아 넣어 모양을 내는 판을 말한다. 약과판은 보통 나무로 만들어졌으며 다식판과 형태나 구조 등은 비슷하지만 크기가 다식판보다 크고, 과자를 찍어내는 홈도 크다. 또한 다식판의 경우에는 과자의 표면에 찍힐 무늬가 섬세하고 다양한 반면 약과판은 과자의 표면보다는 전체의 모양과 과자 주변의 새김을 두드러지게 한다. 이러한 이유로 꽃문양처럼 문양이 크고 선명한 것이 주를 이루는 것이 약과판이다.

요즘에는 나무 이외에도 플라스틱 등 보다 싼 재료로 만들어진 약과판도 많이 유통되고 있다. 또한 약과판이 아닌 서양의 쿠키나 과자 등을 만들 때 사용되는 여러 가지 모양의 모양틀로 약과 반죽을 찍어 약과를 만들기도 한다.

다식판

✧ 다식의 반죽을 넣어 모양을 낼 때 사용하는 틀이다. 단단한 나무에 정교한 문양을 조각하여 만든다. 주로 복을 기원하는 등 좋은 의미를 가진 길상문자인 수壽, 복福, 강康, 녕寧 등의 문자나 완자무늬, 꽃무늬, 복숭아무늬, 연꽃무늬, 거북이, 학, 기하학적인 선 등 다양한 문양이 음각되어 있다.

다식판은 보통 윗판과 아랫판 두 판으로 분리되며, 두 판 사이에 끼는 받침대가 있다. 문양은 아랫판에 새겨져 있다. 아래쪽 판에는 3cm 가량의 둥근 모양이 여러 개 볼록하게 솟아있는데 그 표면에 글자나 문양이 음각되어 있다. 그리고 윗 판에는 아랫판에 꼭 맞게 둥

근 구멍이 뚫려 있다. 이 구멍을 통해 다식의 반죽을 넣고 눌러 아랫판의 문양을 찍어내는 것이다.

윗판 아랫판 모두에 문양을 새겨 넣은 것도 있으며, 윗판 아랫판 구분 없이 하나의 판으로 이루어진 다식판도 있다. 또한 다식을 빼낼 때 옆으로 비껴 빼는 것, 위로 들어 올려 빼는 것 등 사용 방법에도 다식판의 종류에 따라 약간의 차이가 있었다.

과거 조선시대에는 각 집마다 다식의 크기에 맞게 몇 개의 다식판을 가지고 있었으며, 집마다 다식판의 문양이 달랐다. 그리고 다식판은 각 집에서 대를 물리면서 보관되고 사용었는데 다식판을 만든 일자나 주인의 이름을 새겨 넣고, 남에게 빌려주길 꺼리며 중하게 여겼다.

오늘날에는 나무 이외의 재질로 만들어진 다식판도 존재한다.

모양틀

◈ 서양의 쿠키나 파이 등을 만들 때 사용하는 틀이지만 요즘은 당근정과, 무정과 등의 정과와 약과 등을 만들 때 사용하기도 한다. 별모양, 꽃모양, 동물 모양 등 매우 다양한 모양의 틀이 있어 현

대적인 감각의 정과나 약과를 만들 수 있다. 여러 가지 재질의 모양틀이 있지만 한과를 만들 때는 스테인리스 스틸 제품을 사용하는 것이 편하다.

　이 모양틀은 과편이나 양갱을 굳힐 때도 사용할 수 있는데 모양틀에 물을 바르고 과편이나 양갱의 반죽재료를 쏟아 부으면 모양틀의 모양대로 다양한 과편이나 양갱이 만들어 지며, 두께를 일정하게 맞출 수 있다.

　아이들이 좋아하는 문양의 한과를 만들면 아이들의 한과 섭취에 도움을 받을 수도 있다.

엿강정틀

　❖ 깨엿강정이나 쌀엿강정 등 엿강정들의 재료를 엿물에 버무린 후, 쏟아서 굳힐 때 사용하는 도구이다. 주로 나무로 만들어졌으며 전체적으로 네모난 형태로 사방은 나무로 만든 틀로 막혀있고 가운데는 뻥 뚫려 있다. 기름을 약간 바른 비닐을 평평한 곳에 깔고 틀을 놓은 뒤, 틀의 빈 공간으로 엿강정의 버무린 재료를 쏟아 붓고 밀대로 밀어 고르게 한 후 굳히면 된다. 이렇게 나무로 된 엿강정 틀을

사용하여 굳히게 되면 크기와 두께가 일정하여 엿강정을 잘라 모양을 낼 때 편리하고 예쁘다.

참고로 나무틀의 두께에 따라 엿강정의 두께도 달라지는데 쌀엿강정은 두꺼운 나무틀을, 깨엿강정은 얇은 것을 사용하는 것이 일반적이다. 이는 깨엿강정이 쌀엿강정보다 단단하여 두꺼우면 먹기에 불편할 수 있기 때문이다.

대나무발

◆ 네모난 모양의 엿강정이 심심하다면 둥근 모양의 엿강정을 만들 수 있다. 대나무발이나 집에서 김밥을 만들 때 사용하는 김발을 이용해서다. 대나무발이나 김발을 펼쳐 위에 랩을 깔고 기름을 살짝 두루 발라준 다음 엿강정의 버무린 재료를 김밥 만들 때 밥을 펼치듯 편편하게 펴준다. 그리고 재료가 식기 전에 김밥을 말듯 발을 둘둘 말아 굳히면 둥근 모양의 엿강정이 만들어 진다. 발을 말 때 모양을 둥글게 하지 않고 삼각이나 사각형의 모양으로 말면 삼각이나 사각 모양의 엿강정도 만들 수 있다.

한과를 담는 도구와 그릇들

소쿠리

❖ 댓가지를 엮어 반구형으로 만든 그릇이다. 가지를 엮어 만들었기 때문에 가지의 엮인 틈이 있어 물기가 잘 빠지고 공기가 잘 통한다. 한과에 사용되는 곡식재료들을 씻어 건져 소쿠리에 담아 놓으면 물기를 빼기에 좋다.

채반

❖ 싸리채로 엮어 만들어 채반이라 이름 붙여졌다. 소쿠리가 오목하여 많은 곡식을 담기에 좋다면 채반은 넓고 거의 평평하게 만들어진 그릇이므로 한지를 깔고 튀긴 과자를 펼쳐놓아 기름이 빠지게 하고 빨리 식히는데 사용하면 좋다. 재료를 말리거나 물기를 뺄 때도 많이 이용된다.

석작과 동구리

❖ 석작은 댓가지를 엮어 만든 것이고, 동구리는 버들가지로 엮

은 것이지만 모두 뚜껑이 있는 상자의 형태를 가지고 있다. 뚜껑이 있어 약과, 유과 등을 담아놓고 필요할 때 꺼내 먹거나 예쁘게 담아 선물할 때 사용하기도 한다.

목판

❖ 목판은 나무판으로 모나게 짰다고 하여 모판이라고도 부른다. 오늘날로 치면 나무로 만든 쟁반이라고 생각하면 될 것 같다. 주로 소나무, 대추나무, 박달나무로 만들며 정사각형, 직사각형, 팔각형 등 형태도 다양하고 크기도 다양하다. 외형이 화려하지는 않지만 나무의 결과 문양을 그대로 살리고 안과 밖에 두세 번의 칠을 하여 만드는데 실용적이면서도 오래 두고 써도 질리지 않는다. 크기가 다른 여러 개의 목판을 포개어 쓰기도 한다.

주로 오늘날의 쟁반과 같이 떡이나 과일, 한과 등의 음식을 담아 내놓거나 운반할 때 쓰는데 기름을 먹인 종이인 유지나 한지를 목판에 깔고 음식을 담는다. 한과와는 아주 잘 어울리는 그릇으로 목판의 색과 한과의 색이 잘 어울려 보는 맛이 있다.

함지

❖ 굵고 큰 나무를 쪼개어 그 안을 파서 만든 바가지 형태의 그릇으로 만드는 방법과 모양에 따라 귀함지, 도내함지, 모함지 등으로 나뉜다. 종이로 만든 종이함지도 있는데 종이로 함지를 만들려면 많은 공이 필요하지만 만들어진 후에는 튼튼하면서도 가벼워서 좋다.

함지는 보통 떡가루를 버무리거나 떡이나 한과 등을 운반하거나

담아낼 때 사용하는데 한과에서는 반죽을 하거나 유과에 고물 등을 묻힐 때 이용한다. 또 작은 함지의 경우엔 강정 등의 한과를 담아내는데 쓰기도 한다. 함지 역시 한과의 색과 모양과 잘 어울려 예쁘게 담아내면 전통적인 멋과 향취를 즐길 수 있는 그릇이다.

세계의 과자 산책

망치로 부숴먹는 독일의 과자 슈니발렌

Schneeballen

강남이나 홍대, 유명 백화점 등에서 갑자기 나타나 순식간에 인기를 끌었던 과자가 있다. 그 이름도 낯선 '슈니발렌'이다. 슈니발렌은 독일의 전통과자로 튀김과자의 일종이며 단단한 것이 특징이다. 단단함 때문에 그냥 먹지 않고 우리가 호두 껍데기를 망치 등으로 두드려 제거하고 알맹이를 먹듯이 단단한 물체로

두드려 부숴먹는다. 독일 현지에서는 부숴먹는 도구가 딱히 정해져 있지 않은데 우리나라에 들어오면서 마케팅 차원에서 슈니발렌을 부수는 전용 나무망치를 사용해 재미를 더하여 사람들의 호기심을 증가시킴으로써 유행처럼 인기 있는 과자가 되었다. 참고로 독일 현지의 슈니발렌의 경우 생각만큼 단단하지 않은 것도 많다고 한다.

슈니발렌의 맛 자체는 먹어 본 이들에 의하면 생각보다 뛰어나게 맛있지는 않다는 사람도 있고, 맛있다는 사람도 있으며, 지나치게 달다고 하는 사람도 있는 등 각양각색이다. 좋게 표현하자면 소박한 맛이라고 할 수 있다고 표현하는 사람도 있다. 슈니발렌의 역사가 오래되다 보니 요즘에는 다양한 슈니발렌이 선보이고 있는데 전통적인 슈니발렌의 경우 소박한 맛이라는 표현이 적절한 것 같다.

이 소박한 맛의 이면에는 역사적 배경이 깔려있다. 독일 중에서도 중세 독일의 건물 등 중세 독일의 모습을 고스란히 간직하고 있는 로텐부르크에서 슈니발렌은 탄생했다. 로텐부르크는 신교도와 구교도간의 30년간 지속된 전쟁에서 신교도들의 거점이었는데 이들은 엄격한 신앙심을 가지고 있어 경건함과 검소함을 중시한 생활습관을 가지고 있었다. 그러다보니 음식에 있어서도 부드러운 케이크나 과일과 고기 등을 넣은 화려한 음식이 발달한 인근의 다른 유럽 국가들과 달리 소박한 음식을 즐겨 먹었다. 슈니발렌 역시 그런 신교도들의 음식문화 속에서 탄생한 음식인 것이다.

슈니발렌은 독일의 전통과자이자 로텐부르크의 오랫동안 이어진 마이스터 트룽크 축제에 빠질 수 없는 과자이기도 하다. 마이스터 트룽크 축제 역시 30년간 지속된 신구교도간의 전쟁과 관련이 있는 축제이다. 전쟁이 한창이던 1631년 구교도 측의 틸리 장군이 로텐부르크를 점령했다. 당시 틸리 장군은 신교도들의 거점인 로텐부르크를 불태우려 했는데, 3리터가 넘는 큰 컵에 와인을 따른 뒤 누구든지 그 술을 다 마시면 도시를 불태우지 않겠다고 제안했다고 한다. 그러자 로텐부르크의 전임 시장이 그 술을 다 마셨고 틸리는 약속을 지켜 도시를 불태우지 않았다. 로텐부르크 사람들이 이 날을 기념하려고 연 축제가 바로 마이스터 트룽크 축제이며, 그 역사는 지금까지도 매년 이어지고 있다. 이 축제 기간에 사람들은 슈니발렌을 즐겨 먹는다.

슈니발렌은 눈덩이라는 의미를 가지고 있는 독일어 슈네발Schneebal의 복수형이다. 이름처럼 슈니발렌은 동그란 공 모양을 하고 있는 페이스트리로 그 크기는 8~10센티미터 정도이다. 밀가루, 달걀, 설탕, 버터, 크림, 자두 시냅스 등을 주재료로 하며 반죽을 독특한 모양으로 구르거나 뭉쳐서 특유의 공 모양을 만든다. 여기서 공 모양이란 매끈한 표면의 공처럼 생긴 것을 말하지는 않는다. 사람의 뇌처럼 표면이 생겼지만 전체적으로 공의 형태를 띠고 있다. 모양이 잡힌 반죽을 기름에 튀겨 하얀 슈거 파우더를 뿌려 먹는 것이 대표적인 슈니발렌이기 때문에 영어로는 슈니발렌을 슈거볼sugar ball이라 부른다. 그러나 모든 슈니발렌이 슈거 파우더만 뿌리는 것은 아니며 초콜릿을 입힌다거나 초콜릿에 아몬드나 땅콩 등의 견과류 가루까지 뿌리기도 하며, 딸기 가루를 묻히는 등 다양한 슈니발렌이 있다.

이러한 슈니발렌의 전통은 400년이나 이어지고 있으며 그 결과 독일을 넘어 세계인의 사랑을 받는 세계적인 명과의 반열에 올랐다.

제 6 장

김규흔의
한과 레시피

Hangwa - the Recipe

한과 레시피에 앞서

한과 만들기의 기본, 유밀과

유밀과 만들기

유과 만들기

다식 만들기

정과 만들기

숙실과 만들기

과편 만들기

엿강정 만들기

세계의 과자 산책

이름은 후추과자, 그러나 진실은 생강과자 스웨덴의 페파카코르

나는 다른 사람이 다 안 되는 일이라고 해도 내 눈으로 직접 확인하기 전에는 안되는 게 없다고 여기는 사람이다. 내가 직접 해보고 나서도 안 되면 그때서야, '아, 이 일은 안 되는 일이구나'라고 납득을 하고 물러선다. 그러나 여기에도 '지금은'이라는 전제가 깔린다. 지금은 내 능력이 모자라서, 내 공부가 모자라서 안 되지만 언젠가는 성공할 수 있을 것이라는 꿈을 놓지 않는다. 그리고 그 꿈을 가슴 한편에 고이 모셔놓고 이전보다 더한 노력을 하는 것이다. 그 후 어느 시점이 되면 꿈을 향해 다시 한 번 질주를 시작한다.

이런 내 포기를 모르는 성정이 남들 눈에는 무모해 보이기도 하고, 독불장군처럼 느껴질지 모르지만 한과를 만드는 일, 한과에 관련된 업무에서는 빛을 보았다고 생각된다. 새로운 한과를 개발한 일, 영세업체였던 한과가게를 브랜드를 가진 중소기업으로 키워낸 일, 고급한과를 만들어 백화점에서 판매되도록 한 일, 세계 각국의 정상들에게 내가 만든 한과를 대접한 일, 한과문화박물관을 개관한 일 등 처음 내가 입 밖에 냈을 때는 안 되는 일처럼 보였던 것들이 결국에는 내 손 안에서 이루어진 것을 보면.

내가 월계동에서 10평 남짓의 한과가게를 시작한지 2~3년이 지난 즈음의 일이다. 처음 시작했을 때와 비교하면 비교가 안 될 정도로 주문량이 많아졌다. 월계동에 처음 개업했을 때 주문하는 밀가루양이 5포내였다면 2~3년이 지난 시점에는 밀가루 50포대를 넘었다. 더 이상 10평 남짓의 가게에서는 주문량을 맞추기가 버거워 월곡동의 조금 넓은 곳으로 가게를 이전했다. 이때부터는 사실 가게라고 칭하기가 멋쩍다. 만드는 한과의 대부분이 경동시장이나 중부시장 등 큰 시장의 도매업체로 납품되니 한과를 만드는 공장이라 하는 것이 맞겠다. 월곡동에 새로운 터전을 마련한 나는 언젠가는 그럴 듯한 부지에 정말 공장이라 부를 만큼의 한과공장을 짓겠다는 포부를 가지고 새로운 마음으로 다시 열심히 뛰기 시작했다.

이즈음 S약과라는 업체가 있었다. S약과는 한과 시장의 70%를 차지하고 있었다. 어느 날이었다. 내가 만든 한과에 자부심을 가지고 있었는데 S약과를 먹고 내가 만든 한과를 비교해 보니 객관적으로 S약과의 한과가 맛이 좋았다. 그날부터 S약과를 많이 구입하여 먹어보고, 그걸 토대로 내가 만든 한과에 이런저런 연구와 시도를 해봤지만 도무지 S약과의 맛을 따라 갈 수 없었다. 고민 끝에 현재로는 개인적인 노력으로 S약과의 한과 만드는 비법과 노하우를 따라 갈 수 없을 것 같다는 판단을 하고 어떻게든 S약과의 한과 만드는 비법을 배워야겠다는 생각을 하게 됐다.

그러나 주변에서 들리는 말이라곤 절대 안 될 거라는 말 뿐이었다. S약과는 가족들이 운영하는 곳이라 타인에게는 절대 비법을 안 가르쳐 준다는 것이다. 모두가 안 된다고 말하니 속상한 마음에 화가 났다. 나는 안 된다고 말하는 이들에게 직접 확인해 봤냐고 따져 물었다. 그러자 안 된다고 말하던 이들은 마치 서로 짜기라도 한 듯 이런 취지의 말을 했다. "그걸 꼭 먹어봐야 똥인지 된장인지 아나?"

나는 그들의 이야기를 믿지 않았다. 누구 하나 S약과에 직접 들어가 본 적도 없고, 배움을 청한 적도 없는 이들의 소문일 뿐이었다. 직접 부딪혀 보기로 한 나는 일이 끝나면 괜히 S약과를 만드는 공장으로 찾아가 앞을 오가며 어슬렁거렸다. 무슨 뾰족한 수가 없을까 싶은 생각에 기름 납품업자처럼 변장하고 기름통을 굴리며 들어갔다가 쫓겨나기도 했고, 퇴근하는 공장에서 일하시는 아줌마들을 붙잡고 이것저것 물어보기도 하고, 그렇게 밤낮없이 틈만 나면 S약과를 찾았는데 별 다른 성과는 얻지 못했다. 그러던 어느 날 정말 생각지도 못했던 곳에서 우연한 기회가 찾아오게 되었다.

S약과를 어슬렁거린 지 몇 개월이 훌쩍 지나 거의 1년이 가까워 올 무렵이었다. 배달을 끝내고 거래처 사장과 중부시장 근처에서 식사를 하고 있는데 옆자리에 S약과의 공장장이 앉아 동료와 술을 마시고 있는 것이 아닌가. 그동안 S약과 앞을 오가며 아주머니들과 이야기를 나누고 한 덕에 공장장의 얼굴은 파악하고 있었다. 그래도 혹시나 싶어 귀를 쫑긋 세워 옆 테이블에서 흘러나오는 이야기를 듣자니 역시 한과 만드는 이야기를 하는 것이 공장장이 틀림없었다. 기회는 이때다 싶어 얼른 다가가 인사를 청했다. 그리고 그것이 인연이 되어 그 후 몇 차례 공장장과 저녁자리를 같이하며 친하게 되었다.

알고 보니 공장장은 S약과를 운영하던 가족들과 전혀 피를 나누지 않은 사람이었다. 또, 공장구경을 청했더니 망설임 없이 언제든지 놀러오라고 흔쾌히 초대해 주었다. 이후 공장장과의 친분으로 나는 S약과 공장을 방문할 수 있었다. 방문을 통해 약과의 맛이 기름과 물을 조금 더 넣느냐 빼느냐의 사소한 차이에 따라 크게 달라진다는 것을 알게 되었다.

아는 것이 힘이라고 했듯이 약과의 맛을 좌우하는 것이 무엇인지 알게 되자 약과를 만들 때 기름과 물의 비율을 조율하여 마침내 S약과의 맛을 따라 잡을 수 있었다. 그러나 따라잡은 것만으로는 만족할 수 없었다. 나는 S약과보다 맛있는 한과를 만들고 싶었다. 아니 S약과는 물론 대한민국 최고의 한과를 만들고 싶었다.

새로운 한과의 개발에 대한 필요성을 이때부터 심각하게 고민했다. 당시 약과의 모양은 천편일률적이었다. 가장 먼저 그 모양에 변화를 가져왔다. 연꽃모양의 약과를 만들고 마름모꼴의 약과를 만들어 시장에 내어 놓자 반응이 좋았다.

문제는 새로운 걸 개발해 내놓으면 다음 시즌에는 다른 업체들도 일제히 모방하여 똑같은 걸 내놓는다는 것이었다. 나를 겨냥하여 값까지 내려 내놓으니 나로서는 미칠 노릇이었다. 개발자는 나인데 이런 소리를 듣게 됐다.

"아니, 모양도 같은데 왜 김규흔 당신네서 만든 한과만 비싸?"

거기다 대고 재료와 품질이 다르다고 이야기를 해봤자 통하지 않았다. 도매상들은 하나 같이 맛이 조금 떨어져도 값싼 한과를 원했다. 조언이랍시고 나보고 재료를 좀 싼 걸로 써서 다른 곳에서 만든 한과처럼 단가를 낮춰 가격을 내리라고 말을 해댔다.

음식을 만드는 사람의 자존심이 있지 뻔히 알면서 음식의 맛과 질을 떨어뜨릴 수는 없었다. 음식은 돈을 버는 문제와는 별도로 음식을 만드는 이들에게 만드는 사람을 대변하는 것과 마찬가지인데 나 자신을 싸구려로 만들 수는 없는 일 아닌가. 결국 내린 결론은 또 다시 연구 개발이었다. 다른 업체들이 내가 만든 한과의 모양을 모방하면 나는 새로운 맛으로 승부를 보겠다고 마음먹었다. 그렇게 탄생하게 된 것들이 계피맛 약과, 생강맛 약과 등이다.

아는 분들은 알겠지만 새로운 맛을 탄생시킨다는 것이 그리 쉬운 일이 아니다. 모르는 사람은 그저 재료 하나 바꾸고 더하면 되리라 여기겠지만 어떤 재료를 언제, 얼마만큼의 분량으로 넣어야 되는지, 새로운 재료의 첨가로 반죽과 튀김 온도, 튀김 시간 등은 어떻게 해야 하는지 등 다양한 변수가 생기므로 셀 수 없이 많이 만들어 보고, 먹어보고, 비교하여 가장 최상이라 여겨지는 맛을 탄생시키는 것이다.

이렇게 수많은 밤샘 작업과 재료의 손실을 감수하고 만들어진 새로운 한과는 나만의 노하우로 축적이 됨과 동시에 또 다시 시장에 새로운 바람을 불어왔다. 모양과 달리 맛이란 모방하기가 어려워 모방까지 걸리는 시간이 길어지니 내게도 좀 여유가 생겼다. 다른 업체들이 모방할 동안 나는 또 새로운 한과를 개발하여 시장에 내어 놓으니 어느새 한과시장에서 김규흔은 한과시장을 선도하는 사람이 되고, 나를 모방하는 나머지 사람들은 모두 김규흔을 따라하는 후발업체로 인식되어 저절로 김규흔표 한과의 네임밸류가 높아졌다.

당시 시장에는 이런 말들이 오갔다. '김규흔이 출하하는 한과의 종류와 양에 따라 시장의 한과가격이 좌지우지되며 달라진다.' 이때의 경험들이 내게 큰 가르침을 주었다. '남과 같이 해서는 남 이상이 될 수 없다'는 가치관이 생성된 것도 이때부터이다. 지금도 내 사무실 벽에는 '남과 같이 해서는 남 이상이 될 수 없다'고 적힌 커다란 액자가 걸려있다.

한과에 있어 남과 같지 않고, 남 이상이 되는 방법은 두말할 필요 없이 끝없는 연구와 개발이다. 새로움에는 끝이 없다. 한과의 모양을 달리하고, 재료를 달리하고, 만드는 방법과 포장을 달리하는 등 한과의 맛, 멋, 영양, 모양, 포장, 유통 등 한과에 관련된 것이라면 모든 각도에서 다르게 보고, 다르게 만들기 위한 노력은 이후 지금까지 지속되어 결과적으로 지금의 한과명장 김규흔과 김규흔이 만든 한과를 탄생시켰다. 모든 개발 한과를 특허내지 않았음에도 불구하고 한과에 관련된 특허를 나처럼 많이 보유하고 있는 경우가 많지 않음이 이를 증명한다.

여담이지만 오래 전 한과 시장을 놓고 나와 다투던 대부분의 한과 공장들은 이제 이름조차 남기지 못하고 사라진 경우가 대부분이다. 그들과 나의 차이점은 그들은 안주했고 나는 언제나 새로움을 추구했다는 것이다. 새로움 속에 길이 있다. 한과 역시 마찬가지다. 발전하는 한과만이 사람들의 외면을 받지 않고, 역사 속에 묻히지 않고, 세계로 나아갈 것이라고 믿는다.

한과 레시피에 앞서

한과의 종류는 매우 다양하여 옛 문헌에 기록된 것만으로도 무려 254종에 달하고, 여기에 시대의 발전과 재료의 발전에 의해 새롭게 개발되거나 발굴된 한과까지 더하면 족히 500종은 훨씬 넘을 것이라는 게 내 생각이다. 내가 개발한 한과만 해도 150여 종은 되니 어쩌면 그 이상일지도 모른다.

이러한 한과의 다양성은 재료의 다양성에 기인하는 것이다. 그리고 최대한 재료의 특성을 고려하여 만들어지는 한과는 한과의 종류만큼 다양한 레시피, 즉 만드는 방법을 가지고 있다고 할 수 있다. 기본적으로는 같지만 완전히 똑같지는 않은 레시피는 한과가 개발될 때마다 생겨나는 것이다.

좀 더 세세하게 들어가면 한과를 만드는 일은 더욱 복잡해진다. 백퍼센트 전통방법으로 만드느냐, 일부 기계의 도움을 받느냐에 따라서 각 과정에 소요되는 시간이 달라지고, 재료에 있어서도 같은 재료라 할지라도 품종에 따라, 또 수확된 해나 보관 상태에 따라 숙성과 발효, 튀김 등에 들여야 하는 시간 등을 고려해야 하니 알면 알수록 어려워지는 것이 한과를 만드는 일이다. 하물며 그날그날의 날씨에 따라서도 습도 등의 영향으로 한과의 수분상태가 달라지니 재료의 선정에서부터 보관과 유통까지 한과를 만드는 일에는 변수가 너무 많아 한 순간도 방심할 수 없다.

좋은 한과, 맛있는 한과는 이러한 변수상황까지 고려하여 만들어질 때 탄생한다. 그리고 한과의 변수를 고려한 레시피는 오직 수많은 경험과 실패를 거치고 그 모든 것이 자료화되고 노하우라고 말 할 수 있을 때까지의 실전과 성공, 체득이 있어야 만들어질 수 있다. 이런 의미에서 한과의 레시피란 언제나 유동적인 것이며, 연륜이 탄생시키는 것이라고 말할 수 있다.

유동적이라는 말은 매우 중요하다. 언제든지 변할 수 있다는 것을 염두에 둬야 한다는 의미이기에 때문이다. 이는 한과를 만드는 이의 자세 역시 열린 마음을 가지고 있어야 한다는 것을 우리에게 알려준다. 항상 열린 마음으로 지난 성공에 집착하지도, 하나의 레시피만을 고집하지도, 자신의 경험만이 최고라고 우기지 않아야 유동적인 한과의 변화무쌍함에 유연하게 사고하고 대응할 수 있으며, 결과적으로 어떤 변수에도 상관없이 좋은 품질의 한과를 만들 수 있는 능력이 생긴다.

내 경우 우리나라에 전해져오는 250여 종의 한과를 연구하고 그 중에 150여 가지를 직접 재연해낼 수 있는 장인이 되기까지 숱한 실패의 기억과 시행착오로 점철된 시간 그리고 미완성의 과자들이 있었다. 새로운 한과를 만들려다 실패한 과자들도 있지만, 변수에 의해 그 변수에도 불구하고 좋은 한과를 만들기 위한 과정에서 실패한 과자들도 많다. 이러한 과자들을 나는 버리지 않고 성공한 한과 샘플과 마찬가지로 보관하고 있다.

보관만 하는 것도 아니다. 보관된 샘플들보다 사실 성공과 실패의 기록이 더 많다. 나는 젊었을 때부터 모든 한과를 만들 때 제작일지를 기록하는 습관을 가지고 있다. 제작과정에서의 특이 사항은 물론이고 그 날의 일기와 습도, 온도까지 세심하게 기록을 해둔다. 이 기록들이 다양한 성공과 실패의 원인과 변수들의 정보창고가 되어 거의 모든 변수에 대응하는 나만의 레시피를 가능하게 하는 힘이 되어주었다.

이제는 어떠한 변수 앞에서도 한과를 만드는 일이 수족을 놀리는 것처럼 막힘없이 자연스럽게 이루어지지만 그래도 제작일지는 계속 적고 있고, 내 사무실의 오래된 철제금고에는 돈이 아닌 이 제작일지 수십 권이 보물처럼 들어가 있다.

요즘도 나는 이 제작일지들을 자주 들여다본다. 새로운 아이디어를 얻기 위해서 들여다보기도 하지만 한과를 만들기 전 마음의 준비를 하기 위해서도 본다. 우리 선조들은 중요한 제사나 행사, 큰일을 앞두고 몸과 마음을 정결하게 했는데 내겐 이 제작일지를 살펴보는 일이 그와 비슷한 것이다. 주로 지난 3년간의 제작일지를 차분히 살펴보며 이번에 만들 한과의 레시피를 조정하는 시간을 가진다.

예를 들어 2014년 8월 1일에 한과를 만든다고 하면, 지난 2013년과 2012년 그리고 2011년 8월 1일의 제작일지를 주축으로 살펴보며 3년 동안의 날씨나 온도, 습도 등과 재료로 사용될 작물의 품질과 맛, 성분비율, 조직감 등은 어떠했는지, 그리고 그로 인해 재료의 배합과 반죽, 발효 등의 만드는 방법을 어떻게 달리 했는지 등을 검토하고 이를 바탕으로 이번에 만들 한과의 레시피를 재점검하는 것이다.

이처럼 한과를 34년 동안 만들어 온 나에게도 매번 조심스러운 한과의 레시피를 어떻게 소개해야 할지 고민이 많았다. 수많은 한과의 레시피 중 무엇을 선택해야 할지, 변수를 일일이 언급하고 고려하기 어려운 문제를 어떻게 보완할지 등을 고려한 끝에 전문가의 영역이라고 할 수 있는 변수에 의한 레시피의 변화는 경험으로 축적되고 스스로 깨우쳐 가는 것이라는 측면에서 언급하지 않기로 했다. 그리고 한과의 만드는 방법에 따른 커다란 분류인 유밀과, 유과, 엿강정 등을 대표하면서도 기본이 되는 한과들을 선별하여 레시피를 수록하기로 했다. 누구나 따라서 해볼 만하면서도 한과 만들기의 기초를 튼튼히 할 수 있는 레시피를 골랐으니 이 점을 참고하시어 읽어주시고, 레시피를 활용해 주시길 바란다.

참고로 레시피와 함께 내 전문분야인 유밀과와 유과의 경우 한과를 만들어 온 내 경험의 노하우와 새로 개발했던 한과 이야기도 약간씩 곁들여 재미를 더했으니 기존의 익히 보아왔던 레시피와 조금 다르더라도 너그러이 이해해주셨으면 좋겠다.

한과 만들기의 기본, 유밀과

약과라고 하면 흔히들 국화빵 모양의 약과를 많이 보아왔을 것이다. 그러나 우리나라 전통 약과 중에 모약과라 불리는 것이 있는데 이는 반죽을 네모나게 썰어 튀기는 것으로 한 입 크기이며 개성지방에서 주로 만들어 먹던 한과로 '개성약과'라고도 불린다. 이 모약과를 좀 더 개발하여 발전시킨 것이 내가 만드는 꿀약과이다.

꿀약과의 가장 큰 장점은 3無이다. 무설탕, 무색소, 무방부제를 원칙으로 만들어진다. 당연히 설탕, 색소, 방부제가 들어간 과자들보다 건강한 음식이다. 설탕과 색소, 방부제를 사용하면 훨씬 편하고, 재료비도 절감할 수 있지만 한과란 기본적으로 건강한 음식이어야 한다는 생각 하에 3無로 만들어진 꿀약과는 한과를 만드는 나의 가치관을 대변하는 한과이기에 애정이 크다.

　꿀약과의 특징은 결이 많고, 결 하나하나가 살아있어 바삭하면서도 부드럽다는 것이다. 먹어보면 기존의 결이 없고, 눅진한 식감과 약간의 텁텁한 맛을 가지고 있는 국화모양의 약과와 식감과 맛이 완전히 다르다.

　꿀약과 특유의 식감과 맛을 살리기 위해서는 반죽에 신경을 써야 한다. 먼저 물과 조청을 섞어 반죽물을 만드는데 계절과 날씨 등을 고려해서 조청의 양과 반죽물을 끓이는 시간을 조정한다. 반죽물에 조청 대신 설탕을 넣어 설탕시럽으로 반죽물을 하는 경우가 많은데 나는 조청을 사용하는 것을 원칙으로 한다.

　반죽의 재료로는 밀가루, 분유, 미강유, 소주, 소금, 소다, 난황이 들어가는데 눈치챈 분이 계실지 모르지만 분유와 소다, 난황은 나만의 노하우다. 이 재료가 들어감으로써 모약과의 결이 더욱 살아나고 부드러워진다. 반죽의 방법에 있어서도 기존의 국화빵 모양의 약과가 빵이나 떡을 만들 때의 반죽처럼 그냥 반죽을 해서 약과 틀에 넣어 모양을 만든다면 꿀약과는 반드시 반죽을 얇게 밀어 몇 번을 접어 눌러야 하는데 이 과정 역시 결을 만들기 위함이다.

　반죽이 다 되면 실온에서 숙성을 시킨다. 짧게는 한두 시간 정도지만 길게는 네시간 정도 숙성하는데 이 과정에서 발효가 일어나며 결의 생성에도 영향을 미친다. 숙성한 반죽을 적당한 크기로 자르거나 모양을 내어 튀기면, 반죽시 접어 눌러 만든 틈 사이가 부풀어 오르며 반죽에 비해 약 10% 정도 커지며 결이 생기는 것이다.

　튀김기름으로는 흔히들 콩기름을 많이 쓰지만 내 경우엔 주로 유

채씨로 만든 채종유와 미강유를 섞어 사용한다. 이유는 콩기름보다는 채종유가 발화점도 높고 훨씬 더 고소한 맛이 나며 트랜스 지방도 적기 때문이다. 채종유를 쓰기까지 콩기름, 살구씨유, 포도씨유, 옥수수기름 등 숱한 기름을 다 써보며 맛과 영양성분을 비교해보았지만 채종유(카놀라유라고도 함)를 사용했을 때 약과의 맛과 영양이 모두 우수했다.

그렇다면 왜 채종유 한 가지만 쓰지 않고 미강유를 혼합하는지 의문일 것이다. 한과를 튀길 때 대부분의 경우 한 가지 튀김기름만 사용하는 것이 일반적이고, 나 역시 다른 한과에 있어서는 그러한 편이지만 약과를 튀길 때만큼은 미강유를 혼합하여 사용하는데 이것 역시 나만의 노하우다.

물론 미강유가 가격이 싸서 원가 절감을 위해 그러는 것이 아니다. 사실 미강유는 쌀눈으로 만든 기름으로 기름 중에서 가장 비싸고 좋은 기름이다. 값으로 보면 콩기름이 가장 싸고 그 다음이 채종유, 살구씨유, 미강유 순으로 미강유는 콩기름에 비해 거의 두배 이상 값이 비싸다. 그럼에도 미강유를 쓰는 것 역시 맛 때문으로 약과를 만들 때 미강유를 사용하면 다른 기름을 사용했을 때와는 차별화된 맛을 낼 수 있다.

튀기는 과정은 약과의 성패를 좌우하는 일이다. 조금만 오래 튀겨도 모양과 맛이 달라지는 것은 물론 자칫 잘못하면 약과의 표면이 단단해져 버리거나 시커멓게 타버린다. 이렇게 되지 않기 위해서 약과는 두 번 튀기는데 처음엔 100~110도의 온도에서 5~7분 정도 튀기고, 두 번째는 160도 정도에서 한 10분 정도 튀긴다. 처음 튀길 때 반죽이 기름을 먹으면서 익는데 너무 빨리 건져내면 약과가 설익고, 너무 오래 두면 느끼한 맛이 난다. 두 번째로 튀길 때의 온도는 온도가 50~60도 가까이 더 높아진 상태에서 튀기기 때문에 더욱 주의가 필요하다. 따라서 약과를 튀길 때는 한눈을 팔지 말고 지켜보아야 한다. 경험이 없는 사람의 경우 한꺼번에 다 튀기지 말고 시험삼아 튀겨 튀겨진 정도와 맛 등을 세심하게 점검해 보는 것이 좋겠다. 나 역시 약과를 튀길 때는 지금도 긴장을 늦추지 않고 지켜보며, 약과의 상태와 맛을 점검하기 위해 한번 튀겨낼 때마다 약과의 맛을 보곤 한다.

튀겨낸 약과는 미리 만들어 놓은 즙청시럽에 즙청하는데, 즙청시럽은 기본적으로 조청과 물, 꿀을 일정한 비율로 섞어 만든다. 꿀을 섞지 않고 만드는 것보다 꿀을 넣어 만드는 즙청시럽이 단백하고 꿀의 은은한 향이 첨가되어 향미가 좋다. 고명은 기호에 따라 얹으면 된다.

이렇게 만들어진 꿀약과는 고소하면서도 적절한 단맛을 가지고 있으며 결이 살아있어 부드러우면서도 바삭하고, 결 사이사이에 기름과 꿀이 스며들어 맛과 식감이 모두 고급스럽다.

요즘에는 저지방식품을 선호하는 기호에 맞춰 튀긴 약과의 기름을 최소화하는 노력을 기하고 있다. 튀긴 뒤, 세탁기 탈수기와 같은 기능의 장치를 이용해 완전히 기름을 빼어 꿀약과를 만들고 있다. 이 과정을 거친 약과를 종이에 올려놓아 보면 기름이 묻어나지 않을 정도로 기름이 제거된다. 또, 약과의 식감과 단백하고 고소한 맛은 가중된다.

　이러한 꿀약과를 기본으로 하고 여기에 아이디어를 더해 개발한 약과로는 녹차꿀약과, 홍삼꿀약과, 커피꿀약과, 복분자꿀약과, 호박꿀약과, 새싹보리꿀약과 등이 있다. 이중 홍삼꿀약과와 녹차꿀약과의 개발이 특히 어렵고 힘들었는데 녹차와 홍삼을 함유한 약과가 재료 본연의 색을 내지 못하고, 또 부스러지는 문제 등이 있었다. 녹차의 경우엔 부풀어 오르지 않는 것 역시 문제점으로 등장했다. 이 문제들을 해결하기 위해 대학과 연계하여 오랜 시간 연구끝에 녹차와 홍삼 본연의 색을 유지하게 하고, 적당히 부풀어 오르면서도 부스러짐이 없는 녹차꿀약과, 홍삼꿀약과를 만들 수 있었다. 녹차와 홍삼 성분이 함유된 반죽층을 별도로 준비하고, 안으로 포개지도록 적층하는 등의 방법으로 녹차와 홍삼 성분의 함유량도 늘릴 수 있었다. 녹차꿀약과, 홍삼꿀약과는 기능성 식품으로, 또한 신개념 한과로 주목을 받고 있으며 특허도 획득했다. 우리나라는 물론 일본 등 세계로 한과를 수출하고 알리는 데에도 큰 몫을 하리라 기대된다.

　이 외에도 퓨전한과의 개발도 이루어지고 있는데 고소한 맛을 더하기 위해 각종 견과류를 잘게 잘라 강정처럼 물엿 등으로 뭉쳐 꿀약과위에 토핑한 것, 화이트 초콜릿에 녹차가루를 섞어 색을 내고 꿀약과에 토핑하여 달콤한 맛을 더한 것, 향긋한 과일 정과 등을 잘게 다지고 뭉쳐 꿀약과위에 토핑하여 새콤달콤한 맛을 느끼게 만든 약과도 있다.

　아예 주재료를 바꾼 약과도 개발했다. 1994년 약과의 주재료인 밀가루 대신 일정부분 쌀을 사용하여 쌀약과를 만들었다. 요즘은 여기 저기서 쌀약과라고 이름 붙인 것들이 많이 보이는데 개발 당시만 해도 상식을 뒤엎는 것이었다. 무엇보다 쌀 소비가 위축되어 힘든 농촌 경제에 도움이 되는 개발이어서 의미 깊었던 기억이 난다.

이 모든 개발 약과의 시작에 꿀약과가 있다. 꿀약과의 레시피는 지금도 진행되고 있는 다양한 약과들의 기본 틀로서, 비교대상이자 참고사항으로 자리 잡고 있다. 따라서 꿀약과의 레시피를 아는 것은 내가 만들고 개발하는 약과의 비밀의 절반을 아는 것이나 마찬가지라고 생각된다.

참고로 나는 약과를 만들기로 한 날의 날씨가 오전엔 장대비가 왔다가 갑자기 맑아지는 등 너무 변덕스럽거나 천둥번개가 치고 바람이 심하게 불며 비까지 쏟아지는 궂은 날 등에는 약과를 만드는 것을 취소하고 다음 날을 기약한다. 이런 날에는 약과가 어떻게 나올지 그 결과를 예측하기가 나조차 어렵기 때문이다. 혹시나 평소보다 못한 약과를 만들게 되면 그 한과를 사람들에게 먹도록 할 수 없어 폐기할 수밖에 없기에 아예 제작을 중단하는 것이다. 지금도 반죽에 들어가는 재료 배합만큼은 혼자 조용하게 하는 버릇을 가지고 있는 나로서는 요란한 날씨에 마음과 정신이 온전히 집중하지 못하게 되는 것이 꺼려지는 면도 있어 그런 면도 있다.

우리 선조들이 중요한 음식을 만들 때는 그만큼의 예를 차렸듯이 전통한과를 만드는 사람인 나로서는 한과에 대한, 또 내가 만든 한과를 먹는 사람들에 대한 나만의 예를 갖추는 한 방법이다.

유밀과 만들기

유밀과의 꿀약과(모약과) 만드는 법

준비할 재료 및 분량

- 밀가루 200g, 분유 2큰술, 미강유 3큰술, 소주 3큰술, 소금 1/4작은술, 소다 소량, 난황(계란 노른자) 1개
  - **튀기는 기름**   채종유 : 미강유 = 1.5 : 1
  - **반죽물**   조청 500mL, 물 150mL
  - **즙청시럽**   조청 500mL, 물 100mL, 꿀 150mL
  - **고명**   잣, 호박씨 등

만드는 방법

1___ 냄비에 물, 조청을 넣고 젓지 말고 그대로 끓여 반죽물을 만든다.
2___ 밀가루에 분유를 섞고 고운체에 내리고 미강유를 섞어준다.
3___ 소주에 소금과 소다, 난황을 혼합하여 거품이 일도록 섞어준다.
4___ 2와 3에 반죽물을 섞어 반죽하여 한 덩어리로 뭉쳐지면 넓게 폈다 접었다를 반복하여 반죽에 공기가 투입되도록 여러 번 반죽한다.
5___ 반죽을 실온에서 발효한다.
6___ 발효된 반죽은 0.5cm 두께로 고르게 밀어 가로 3cm, 세로 3cm 크기로 썰어준다. (가운데 칼집을 넣거나 모양틀로 찍어주는데, 모양에 따라 꽃약과, 다식과 등의 이름으로 불린다)
7___ 채종유와 미강유를 일정한 비율로 혼합한 튀김기름에 1차로 100~110도에서 반죽을 넣어 튀기다가 반죽이 떠오르면 2차로 160도의 튀김기름에 넣고 갈색이 나도록 튀긴다.
8___ 튀겨낸 약과를 뜨거울 때 바로 즙청시럽에 담근 후 건져낸다.

> ✶ 즙청시럽 만들기
> 냄비에 물, 조청, 꿀을 정해진 비율로 넣고 젓지 말고 그대로 끓여 즙청시럽을 만든다.

9___ 접시에 담아 잣이나 호박씨 등으로 고명으로 장식한다.

레시피

유밀과 만들기

유밀과의 다식과
만드는 법

준비할 재료 및 분량

- 밀가루 200g, 소주 3큰술, 소금 1/4작은술, 참기름 3큰술, 생강즙 1작은술, 후춧가루 1/4작은술, 난황 1개
- **튀기는 기름** 채종유
- **반죽물** 조청 500mL, 물 150mL
- **즙청시럽** 조청 500mL, 물 100mL, 꿀 150mL, 계핏가루 1/4작은술
- **고명** 잣가루

만드는 방법

1__ 밀가루에 소금, 후춧가루를 섞어 고운체에 내린다.
2__ 1에 참기름을 넣고 섞는다.
3__ 소주에 생강즙, 난황을 혼합하여 거품이 일도록 섞어준다.
4__ 2에 3을 넣어 섞은 후 반죽물을 넣어 뭉쳐지도록 반죽한다.
5__ 뭉쳐진 반죽을 적당량 떼어 다식판에 눌러 박아 모양을 낸다.
6__ 모양낸 약과반죽을 튀김기름에 100~110도에서 1차로 튀겨내고, 떠오르면 건져내어 160도의 기름에 넣고 2차로 갈색이 나도록 튀긴다.
7__ 튀겨낸 약과를 뜨거울 때 바로 즙청시럽에 담근 후 건져낸다.

> ⊛ **즙청시럽 만들기**
> 냄비에 물, 조청, 꿀, 계핏가루를 넣고 젓지 말고 그대로 끓여 즙청시럽을 만든다.

8__ 접시에 담고 고명으로 잣가루를 뿌려준다.

레시피

유밀과 만들기

유밀과의 만두과
만드는 법

준비할 재료 및 분량

- 밀가루 200g, 소주 3큰술, 소금 1/4작은술, 참기름 3큰술, 생강즙 1작은술, 후춧가루 1/4작은술, 난황 1개

- **만두과 소**　　대추 100g, 계핏가루 1/4작은술, 꿀 2큰술
- **튀기는 기름**　채종유
- **반죽물**　　　조청 500mL, 물 150mL
- **즙청시럽**　　조청 500mL, 물 100mL, 꿀 150mL

만드는 방법

1___ 밀가루에 소금, 후춧가루를 섞어 고운체에 내린다.
2___ 1에 참기름을 넣고 섞는다.
3___ 소주에 생강즙, 난황을 혼합하여 거품이 일도록 섞어준다.
4___ 2에 3을 넣어 섞은 후 반죽물을 넣어 뭉쳐지도록 반죽한다.
5___ 뭉쳐진 반죽을 적당량 떼어 만두처럼 소를 넣어 빚는다.

> ⊛ **만두과 소 만들기**
>
> 1　대추를 깨끗이 씻은 후 씨를 발라내고 찜통에 찐다.
> 2　쪄진 대추를 곱게 다져서 계핏가루와 꿀을 섞어 반죽한다.
> 3　반죽된 대추를 조금씩 뭉쳐 소를 만든다.

6___ 빚어진 만두과 반죽을 140도에서 속이 익어내도록 천천히 튀긴다.
7___ 튀겨낸 약과를 뜨거울 때 바로 즙청시럽에 담근 후 건져낸다.

> ⊛ 즙청시럽 만들기
>
> 냄비에 물, 조청, 꿀, 계핏가루를 넣고 젓지 말고 그대로 끓여 즙청시럽을 만든다.

8 접시에 담아 잣이나 호박씨 등으로 고명으로 장식한다.

유밀과 만들기

유밀과의 매작과 만드는 법

준비할 재료 및 분량

- 밀가루(100g) 1컵, 전분 1큰술, 소금 1/2작은술, 물 3큰술, 생강즙 1작은술

> (※) 매작과에 색을 낼 때의 재료 변화
>
> - 초록색을 낼 때: 밀가루(100g) 1컵, 쑥가루 1큰술, 소금 1/2 작은술, 물 3큰술
> - 노란색을 낼 때: 밀가루(100g) 1컵, 치자가루 1큰술, 소금 1/2 작은술, 물 3큰술
> - 붉은색을 낼 때: 밀가루(100g) 1컵, 백련초가루1큰술, 소금 1/2 작은술, 물 3큰술

- **튀기는 기름**　　채종유
- **즙청 시럽**　　설탕 1컵, 물 1컵, 물엿 4큰술, 계피가루 1/4작은술
- **고명**　　잣가루

만드는 방법

1___ 밀가루에 곱게 간 전분과 소금을 섞어 체에 내린다.

2___ 물과 생강즙을 체에 내린 밀가루와 섞어 약간 되직하게 반죽해서 비닐에 넣어 30분 정도 둔다.

3___ 냄비에 설탕과 물을 각각 1컵씩 담아 중불에서 젓지 말고 그대로 끓여 즙청시럽을 만든다.
시럽이 1컵 정도로 양이 줄어들면 물엿을 넣고 다시 한 번 부르르 끓으면 불을 끄고 식혀 계피가루를 넣어 섞는다.

4___ 반죽을 0.2cm 두께로 밀어 5cm 길이, 2cm 폭으로 잘라서 세 군데에 칼집을 넣고 가운데 칼집 사이로 한번 뒤집는다.

5___ 160도의 튀김기름에 속이 익도록 튀긴다.

6___ 기름을 뺀 뒤 즙청 시럽에 담가 즙청한 후 식힌다.

7___ 고명으로 잣가루를 뿌린다.

유과 만들기

유과의 주재료는 찹쌀이다. 작은 찹쌀을 하나하나 세어보면 대략 22개 정도가 유과 하나를 만들어 낸다. 모아놓아도 얼마 안 되는 이 조그만 쌀알 22개가 하나의 유과가 된다고 생각하면 놀랍고도 신기하다. 특히 유과의 반죽이 기름에 튀겨지는 순간 부풀어 오르는 것을 보고 있노라면 지금도 마술처럼 느껴지며, 한순간이지만 자연의 과학, 자연의 예술을 목도한 기분이기도 하다. 그래서 유과를 한과의 꽃이라고 하는지도 모른다.

어떤 면에서 유과는 정말 꽃을 닮았다. 꽃을 피우기 위해 식물이 지난한 과정을 거치듯이 유과 역시 부풀어 올라 제 모습을 갖추기 위해 여러 과정과 시간을 소요하기 때문이다. 한과 중에서 가장 많은 시간과 공이 필요한 것이 유과다. 찹쌀을 발효시키는 시간만도 2~3주는 걸리고, 찹쌀을 씻고 반죽하고 말리고 튀기는 데 다시 며칠이 더해지니 세상에서 가장 오랜 시간을 들여 만들어지는 과자가 아닐까 싶다.

대체로 시간과 공이 많이 필요한 음식은 사람을 생각하는 마음이 담기기 마련이다. 사람을 위하니 재료의 선정에서부터 만드는 과정 하나하나 허튼 것이 없다. 이 말은 반대로 하면 과정 하나라도 소홀하면 제대로 된 유과가 만들어지지 않는다는 것과 같다. 유과의 재료 선정에서부터 신경을 쓰는 이유다.

유과의 맛을 결정하는 것은 재료, 그 중에서도 찹쌀이다. 일반인들은 찹쌀이 다 거기서 거기로 보일지 모르지만 한과를 만들다 보면 찹쌀의 품질이 정말 다양하다는 것을 알 수 있다. 그리고 그 품질에 따라 유과 안에 생기는 솜털의 조직감이 달라지고 맛과 식감도 변하므로 내 경우엔 좋은 종자를 찾아 성실한 농가와 계약을 맺어 그 종자를 재배하게 하여 품질 좋은 찹쌀을 확보하여 사용하고 있다.

그렇게 키운 찹쌀을 가지고 발효를 시킨다. 유과에 있어 이 발효의 과정은 여러 면에서 매우 중요하다. 발효가 잘 되어야 유과의 식감과 맛이 좋아질 뿐 아니라 영양 면에서도 우수해진다. 알다시피 발효가 된다는 것은 유산균을 함유하고 있다는 말과 같다. 유과는 찹쌀의 발효를 통해 얻어진 유산균을 함유하고 있어 소화를 촉진하는 기능을 가지고 있을 뿐 아니라 이스트 등의 효모 등을 따로 첨가하지 않아도 잘 부풀어 오르는 것이다.

유과의 이 발효를 가지고 일부에서는 발효다 아니다 논쟁이 있다. 식품영양학과 등 음식관련 교수들끼리도 유과를 확실한 발효식품이라고 말하는 이가 있는 반면, 일부는 발효의 과정을 거친다 하여도 결국 기름에 튀겨 유과가 만들어지기 때문에 그 과정에서 유산균이 소멸될 것이라 발효식품으로 보기 어렵다고 말하기도 한다.

나로서는 유과를 발효식품이라고 확신하는 바이다. 비교적 상온에서 희뿌연 골마지가 낄 정도로 2~3주 정도나 삭힌 음식을 발효음식이 아니라고 보기는 힘들 것 같다. 발효가 되었기에 조그만 반죽이 부풀어 커지는 것이고, 소화를 돕는 것이라 생각한다. 책 앞쪽에서 언급했듯이 소화가 안 될 때마다 할머니가 주셨던 유과를 먹고 도움을 받았던 어렸을 적 경험으로도 유과의 발효를 신뢰하게 된다.

실제로 유산균이란 열에 약하기는 하지만 모든 유산균이 열에 사망하는 것은 아니다. 또한 죽은 유산균이라 하더라도 장내에 흡수되면 좋은 유산균의 먹이가 되어 결과적으로는 장내 유익한 유산균의 활동이 좋아져 소화에 도움이 된다. 그러므로 튀기는 과정을 거친다 하여도 찹쌀의 발효를 거친 유과는 발효식품이라고 봐야 한다.

유과의 생명이나 마찬가지인 발효과정은 계절이나 날씨, 온도 등에 따라 예민하게 반응하므로 여간 신경을 써야 하는 게 아니다. 먼저 생 찹쌀을 씻어 물에 담가놓는다. 며칠 담가놓으면 발효가 시작되어 파랗게 곰팡이가 낀다. 2~3주 정도 발효를 시킨 뒤 손을 넣어 쌀알을 손에 쥐면 부드럽게 으스러지는데 이러면 제대로 삭은 것이다.

잘 삭힌 찹쌀은 잘 씻어야 한다. 손에 닿기만 해도 으스러지는 찹쌀을 곰팡이 냄새가 사라지도록 깨끗하게 여러 번 씻어야 하는데, 이때 조금만 함부로 씻어도 삭은 찹쌀이 부스러지며 물에 씻겨 나가기 때문에 조심스럽게 씻는다. 아주 고운체를 활용하여 체에 걸러 가며 여러 차례 씻어낸 뒤 큰 항아리에 담가 놓으면 자연적으로 냄새가 빠져나가게 된다.

냄새가 다 빠지면 가루를 내어 반죽을 하는데 이때에도 얼마나 좋은 국산콩을 가지고 콩물을 내고, 좋은 쌀로 만든 막걸리 혹은 소주를 얼마나 넣어 배합하느냐에 따라 유과의 격이 달라진다. 나 같은 경우는 콩 역시 같은 품종과 품질을 유지하는 것이 중요하므로 계약재배한 국산콩을 사용하는 것을 원칙으로 한다.

좋은 재료의 사용만큼 재료의 배합은 중요하다. 오랜 경험에 의해 얻어진 배합의 노하우로 여러 변수를 고려하여 잘 띄운 찹쌀에 콩물과 막걸리를 얼마나 넣느냐에 따라 유과 안쪽 섬유질의 모양이 달라진다.

반죽을 찐 후에는 꽈리치기를 한다. 이 과정은 사람이 할 경우 힘을 상당히 소요한다. 그래서 혼자 하기는 어렵고 보통 두 사람이 짝을 지어 한 사람은 치고 한 사람은 반죽을 뒤집어 꽈리를 치는 협동 작업을 하는데 요즘은 기계가 대신하는 경우가 많다. 기계로 할 경우에도 분당 속도(rpm)를 어떻게 조정하느냐에 따라서 꽈리치기의 효과는 완전히 달라진다. 경험만 있다면 손으로 하는 것보다 훨씬 더 효과적으로 꽈리치기를 할 수 있다.

꽈리를 치는 이유는 공기를 넣기 위한 것이다. 공기가 충분히 잘 들어가야 튀길 때 유과가 잘 부푼다.

그렇게 반죽을 꽈리 친 다음에는 원하는 크기대로 잘라서 잘 말려야 하는데 이게 또 만만치 않은 작업이다. 전기도 석유도 없던 시절에는 잘 빚은 반데기를 아랫목 방바닥에 널어놓고 말렸다. 명절이나 큰 잔치가 있을 때에는 그 많은 반데기를 온 방에 널어놓을 수 없기 때문에 마당에 웅덩이를 파서 연탄불을 피우고, 그 위에 철판을 깔아 열이 고루 퍼지게 한 다음 짚을 얹고 그 위에 반데기를 넣어 간접열로 말렸다. 그 온도가 대략 65도 정도로 그 온도상태에서 40분 정도 말리면 반데기가 구둑구둑해지면서 자르기 좋고 부서지지는 않는 반건조 상태가 된다. 너무 말리면 자를 때 쉽게 부서지기 때문에 반건조 상태에서 모양을 내어 자른 뒤에 완전히 건조시킨다. 그 온도 역시 약 65도에서 40분 이상 길게는 2시간 정도 말리면 된다.

신경 써야 할 것이 무조건 시간만 지나면 건조가 잘 되는 건 아니다. 반죽의 놓인 위치에 따라 건조의 속도에 차이가 나고 바람이 없을 경우에는 아무리 오래 두어도 속까지 잘 마르지 않는 경우가 많

다. 따라서 몇 분 간격으로 놓인 자리를 바꾸어 주어야 한다. 겉보기엔 잘 마른 것처럼 보여도 손끝으로 눌러보면 쑤욱 들어가는 것이 있다. 이런 반죽은 더 열을 가해서 완전히 속까지 말려야 한다.

　이처럼 열을 가해 건조시키는 것은 시간을 단축시키는 건조방법이다. 아파트 등의 거주자가 많은 현대의 일반가정에서는 하기 힘들다. 이때에는 따뜻한 방바닥에 한지를 갈고 건조시키는데, 편편히 마를 수 있도록 고루 뒤집어 가며 2~3일 정도 자연건조 시킨다. 속까지 잘 마른 반데기들은 보관만 잘하면 길게는 50일 후에도 사용할 수가 있다.

　마지막으로 건조된 반죽, 즉 반데기를 튀기고 즙청하여 고물까지 입히면 유과가 완성된다.

요즘은 세상이 좋아져서 기계로 유과를 쉽게 만들 거라 생각하는 이들도 많지만 사실 유과를 비롯한 한과는 아직도 일정부분에선 반드시 사람의 손을 타야 제대로 만들어 진다. 특히 유과의 경우 사람의 세심한 손길과 정성이 없이는 제 맛과 모양이 나오지 않는다.

또 유과는 깃털같이 가벼운 조직을 보기만 해도 알겠지만 매우 섬세한 과자이다. 만드는 것도 어렵고, 보관에도 주의가 필요하다. 보관을 잘못할 경우 쉽게 눅눅해질 수 있다.

이러한 유과의 예민함과 어려움이 오히려 유과에 대한 연구들에 박차를 가하게 만들었다.

어떻게 하면 유과를 좀 더 먹기 쉽게, 잘 부스러지지 않게 만들 수 있을까라는 생각에서부터 한과 중에서도 가장 부드러운 식감으로 남녀노소는 물론 아픈 사람이 먹기에도 가장 섭취가 편한 유과를 웰빙 시대에 맞춰 건강기능성 식품으로 만들려면 어떻게 해야 할지, 쉽게 눅눅해지도록 하려면 만드는 방법과 어떤 포장 방식을 도입해야 할지 등의 고민을 많이 했다.

그 결과로 탄생한 유과들이 한입에 쏙 넣을 수 있어 먹기에 편한 방울크기의 유과, 백련초가루, 뽕잎가루, 단호박가루, 흑미 등의 재료를 접목하여 만든 백련초유과, 뽕잎유과, 단호박유과, 흑미유과 등과, 건강을 도모하는 기능성 유과로 개발한 키토산, 녹차, 홍삼을 첨가한 키토산유과, 녹차유과, 홍삼유과 등도 있다. 젊은 층과 해외를 공략한 초콜릿 유과도 내가 처음 개발했다.

한과의 개발에는 여러 가지 웃지 못할 사건들이 다양하게 발생한다. 오랜 시간 공을 들여 개발하고 가장 최근에 특허를 낸 홍삼과 녹차가 들어간 한과의 개발에도 흥미로운 일들이 있었다. 유과의 경우 홍삼과 인삼은 그 기본성분이 같음에도 불구하고 인삼을 넣어 튀긴 것은 크게 모양이 달라지지 않는데, 홍삼엑기스를 넣어 튀긴 것은 다른 것보다 두 배 이상 잘 부풀어 오르는 것이다. 홍삼과 인삼이 다른 점이라곤 인삼은 생삼이고 홍삼은 쪘다는 것뿐인데 그 차이가 심하니 도통 그 연유를 알 수가 없었다. 예상하기로는 공기를 주입하는 꽈리치기 과정이나 고온의 기름과 만나는 튀김과정에서 어떤 화학작용이 있는 게 분명한데 과학적으로 밝히기가 쉽지 않으니 곤혹스러웠다.

반면 녹차를 넣어 튀긴 유과는 다른 유과에 비해 크기가 작아진다. 섬유질이 많은 것이 부푸는 과정에 방해가 되는 것인지 뜨거운 성질의 홍삼과 반대로 차가운 성질을 가진 것 때문인지 이것도 아리송하다. 재미있는 것은 고추를 넣고도 유과를 만들어 봤는데 고추 역시 뜨거운 성질 때문인지는 모르지만 홍삼처럼 너무 잘 부풀어 올랐다.

이러한 곡절이 있기는 했지만 결과적으로는 여러 과정의 연구와 실험을 통해 홍삼유과, 녹차유과는 홍삼꿀약과, 녹차꿀약과처럼 개발되었다. 하지만 지금도 과학적인 원인과 구체적인 요인 등에 대한 연구는 지속중이다.

어떤가, 유과 개발에 얽힌 에피소드를 들으니 유과를 한 번 만들어 보고싶은 마음이 생기지는 않는가? 도전해 보고 싶으신 분들을 위해 유과의 가장 기본이 되는 찹쌀유과를 만들 수 있는 레시피를 제공한다. 이 기본 레시피에 여러분이 어떤 재료의 가루나 색을 낸 물, 고명 등을 활용하느냐에 따라 여러분이 만들 수 있는 유과는 한없이 다양해질 수 있다.

유과 만들기

유과의 찹쌀유과 만드는 법

준비할 재료 및 분량

- 발효 찹쌀가루 200g, 콩물 1큰술, 소주 2큰술, 옥수수전분
- 튀김기름, 조청, 고물(쌀 튀밥, 백련초 튀밥, 단호박 튀밥)
- **콩물 만들기**   불린 콩, 1큰술, 물 1/2컵

만드는 방법

1___ 찹쌀을 25도에서 2~3주 발효하여 골마지가 끼면 깨끗이 씻은 후, 1~2일 정도 물에 여러 번 담가 냄새를 뺀다.

2___ 깨끗이 씻고 냄새까지 뺀 찹쌀을 채반에 받혀 물기를 뺀 뒤 곱게 빻아 가루로 만든다.

3___ 하루 정도 불린 콩의 껍질을 깐 뒤 물을 넣고 갈아 체에 거른다. 이 때 콩물의 농도는 막걸리 정도의 농도가 적당하다.

4___ 가루 낸 찹쌀을 콩물과 소주를 넣고 반죽한다.

5___ 찜기에 젖은 면보를 깐 뒤 반죽을 넣어 약 20분 이상 쪄준다. 반죽이 투명해 질 때까지 찐다.

6___ 찐 반죽을 절구에 넣고 방망이로 충분히 쳐서 꽈리가 일도록 한다. 반죽이 방망이에 실처럼 따라오는 상태가 되면 잘된 것이다.

7___ 반죽에 옥수수전분을 뿌리고 밀대로 얇게 밀어 용도에 맞게 잘라준다. 이때, 산자는 5cm × 5cm × 0.3cm 두께, 손가락 유과는 3cm × 1cm × 0.3cm 두께면 적당하다.

8___ 썬 것은 따뜻한 방바닥에 한지를 깔고 2~3일 정도 자주 뒤집어 주며 편편히 말린 뒤 밀봉하여 서늘한 곳에 보관한다.

9___ 잘 마른 한과 바탕을 미지근한 기름(90도)에 넣어 1차로 불린 후, 높은 온도(160~170도)에 튀겨낸 다음 기름을 제거한다. 모양을 내기 위해서는 기름에 불릴 때 하나씩 눌러 잘 펼친다.

> ⊛ 유과바탕이 너무 말랐을 때
> 유과바탕이 너무 말랐을 때는 분무기에 소주를 담아 뿌려둔 후 수분을 어느 정도 먹인 후 튀겨낸다.

9

10___ 튀겨진 유과를 조청에 담갔다가 꺼낸 뒤 고물을 묻혀낸다.
  (*) 고물의 종류에 따라 찹쌀유과, 백련초 유과, 단호박 유과 등으로 나뉜다.

다식 만들기

다식의 쌀다식
만드는 법

준비할 재료 및 분량

- **쌀다식**   쌀가루 1컵, 물 2큰술, 다식시럽 3큰술, 소금 약간
- **치자쌀다식**   쌀가루 1컵, 물 2큰술, 다식시럽 3큰술, 치자 1/2작은술, 소금 약간
- **백련초쌀다식**   쌀가루 1컵, 물 2큰술, 다식시럽 3큰술, 백련초 1작은술, 소금 약간
- **녹차쌀다식**   쌀가루 1컵, 물 2큰술, 다식시럽 3큰술, 녹차 1작은술, 소금 약간
- **다식시럽**   물엿 1컵, 설탕 1/2컵, 꿀 3큰술, 물 7큰술

만드는 방법

1___ 멥쌀을 깨끗이 씻어 일어 5시간 이상 충분히 불려 소금과 물을 넣어 빻는다.

2___ 쌀가루에 물을 넣고 손으로 비벼 골고루 체에 내린다.

3___ 분홍색으로 색을 낼 경우에는 백련초 가루를 따뜻한 물에 섞어 푼 후 쌀가루에 고루 비빈 후 다시 체에 내린다.

4___ 노란색으로 색을 낼 경우에는 치자를 반으로 잘라 따뜻한 물 반 컵을 부어 노란 물을 우려 2큰술을 쌀가루에 넣어 고루 비빈 후에 다시 체에 내린다.

5___ 녹색을 낼 때에는 녹차가루를 따뜻한 물에 섞어 푼 후 쌀가루에 고루 비빈 후 다시 체에 내린다.

6___ 각각 색을 낸 쌀가루를 찜통에 안치고 15분 정도 찐다. 젓가락으로 찔러 흰 가루가 묻어 나오지 않으면 익은 것으로 확인하고 불을 끄고 잠시 두어 뜸을 들인 후, 쏟아 바싹 말려 믹서에 넣고 곱게 가루 내어 체에 친다.

7___ 위의 가루에 각각 시럽을 넣고 잘 버무린 다음 한 덩어리로 만들어 밤톨만큼씩 떼어 다식판에 박아낸다. 주의할 것은 시럽을 넣고 버무릴 때 처음부터 손을 대면 좋지 않다. 처음에는 주걱으로 섞다가 다식시럽이 고루 섞이면 손으로 반죽한다.

> ✱ **다식시럽 만들기**
> 1 설탕에 물을 넣고 설탕이 약간 녹을 때 되면 물엿을 넣는다.
> 2 끓기 시작하면 불을 줄이고 마지막에 꿀을 넣는다.
> 3 굵게 삼각형 모양으로 떨어지는 농도가 될 때까지 끓인다.

다식 만들기

다식의 콩다식
만드는 법

준비할 재료 및 분량

- 콩가루 1컵, 물 2큰술, 꿀 3~4큰술

만드는 방법

1___ 노란콩을 씻어서 소쿠리에 건져 물기를 뺀 후, 노릇하게 볶는다.

2___ 절구에 넣고 살짝살짝 찧어서 키에 까불려서 콩 껍집을 버린다.

3___ 껍질을 제거한 콩을 절구에 넣어 곱게 찧은 후, 고운체에 쳐서 콩가루를 만든다.

4___ 물을 넣어 골고루 비벼준다.

5___ 콩가루에 꿀을 넣어 반죽한다. 이때, 처음에는 젓가락으로 섞은 후, 어느 정도 뭉쳐지면 손으로 반죽한다.

6___ 다식판에 참기름을 바르거나 랩을 깔고 반죽을 적당히 떼어서 다식판 구멍에 넣고 꼭꼭 눌러 박아낸다.

정과 만들기

정과의 도라지정과
만드는 법

준비할 재료 및 분량

- 통도라지 200g(다듬은 것), 설탕 100g, 물엿 2큰술, 꿀 2큰술, 소금 약간

만드는 방법

1___ 통도라지를 깨끗하게 손질하여 5cm 길이로 자른 후 굵은 것은 4등분하고, 가는 것은 2등분한다.
2___ 1의 도라지를 소금으로 씻어 쓴맛을 제거한다.
3___ 끓는 물에 소금을 넣고 무르지 않게 데쳐 찬물에 헹군다.
4___ 냄비에 도라지와 설탕, 소금을 넣고 도라지가 잠길 정도의 물을 부어 끓인다.
5___ 끓기 시작하면 물엿을 넣고, 약한 불에서 속 뚜껑을 덮고 투명한 색이 나도록 서서히 조린다.
6___ 물기가 거의 없어지면 꿀을 넣고 윤기를 낸다.
7___ 망에 받쳐 여분의 시럽을 제거한다.

정과 만들기

정과의 연근정과
만드는 법

준비할 재료 및 분량

- 연근 200g, 식초 1큰술, 설탕 100g, 물 2컵, 소금 1/2작은술, 물엿 3큰술, 꿀 2큰술

만드는 방법

1___ 깨끗이 손질한 연근을 0.3~0.4cm 두께로 썰어 끓는 물에 소금, 식초를 넣고 데쳐 헹군다.
2___ 냄비에 연근, 설탕, 소금을 넣고 물을 부어 중불에서 조린다.
3___ 끓기 시작하면 물엿을 넣고 투명해질 때까지 약한 불에서 은근히 졸인다. 이때 속 뚜껑을 덮어 단맛이 배이도록 한다.
4___ 물기가 거의 없어질 정도로 조려지면 꿀을 넣고, 꿀이 연근에 배이도록 담가둔다.
5___ 망에 받쳐 여분의 시럽을 제거한다.

정과 만들기

정과의 비트정과
만드는 법

준비할 재료 및 분량

- 비트 200g, 설탕 100g, 물 2컵, 소금 1/2작은술, 물엿 3큰술, 꿀 2큰술

만드는 방법

1___ 깨끗이 손질한 비트를 0.3~0.4cm 두께로 썰어 끓는 물에 소금을 넣고 데쳐 헹군다.

2___ 냄비에 비트, 설탕, 소금을 넣고 물을 부어 중불에서 졸인다.

3___ 끓기 시작하면 물엿을 넣고 투명해질 때까지 약한 불에서 은근히 졸인다. 이때 속 뚜껑을 덮어 단맛이 배이도록 한다.

4___ 물기가 거의 없어질 정도로 조려지면 꿀을 넣고, 꿀이 비트에 배이도록 담가둔다.

5___ 망에 받쳐 여분의 시럽을 제거한다.

숙실과 만들기

숙실과의 밤초
만드는 법

준비할 재료 및 분량

- 밤 10개, 물 1컵, 설탕 5큰술, 치자물 1/2작은술, 소금 약간, 물엿 1큰술, 꿀 1/2큰술, 잣가루 약간

만드는 방법

1. 밤은 속껍질까지 깎아서 끓는 물에 소금을 넣고 살짝 데친다.
2. 데친 밤을 냄비에 담고 밤이 잠길 정도의 물을 자작하게 부은 후, 분량의 설탕, 치자 물, 소금을 넣어 센 불에서 끓인다.
3. 한번 끓어오르면 불을 약하게 줄이고 위에 뜨는 거품을 걷어낸 후, 물엿을 넣고 은근히 조린다.
4. 시럽이 2큰술 정도 남으면 꿀을 넣어 살짝 조린다.
5. 체에 받쳐 여분의 시럽을 뺀 후 그릇에 담고 잣가루를 뿌린다.

숙실과 만들기

숙실과의 조란
만드는 법

준비할 재료 및 분량

- 대추 20개, 물 1/2컵, 설탕 1큰술, 물엿 1큰술, 소금 약간, 꿀 1큰술, 계피가루 1/4작은술, 잣 약간

만드는 방법

1___ 대추는 깨끗이 닦은 뒤 돌려 깎아 씨를 발라내고 과육만 곱게 다진다.
2___ 냄비에 분량의 물, 설탕, 물엿, 소금, 꿀, 계피가루를 넣고 끓인다.
3___ 2에 다진 대추를 넣고 나무주걱으로 저으면서 수분이 완전히 없어질 때까지 은근히 조린다.
4___ 조린 대추를 식혀 조금씩 떼어 원래의 대추 모양으로 빚는다.
5___ 잘 빚은 대추에 잣을 대추의 꼭지처럼 반쯤 나오게 박아 원래의 대추 모양처럼 만든다.

과편 만들기

과편의 오미자편 만드는 법

준비할 재료 및 분량

- 오미자 1/2컵, 물 4컵, 설탕 1컵, 소금 약간, 꿀 1큰술, 녹두녹말 10큰술, 물 10큰술

만드는 방법

1. 오미자를 깨끗이 씻어 하룻밤을 우린다.
2. 면보를 사용하여 오미자 건더기를 걸러내고 맑은 오미자물을 받는다.
3. 녹두녹말을 동량의 물로 개어준다.
4. 오미자 우린 물에 설탕과 소금을 넣고 끓여준다.
5. 끓는 오미자물에 녹말물을 조금씩 넣으면서 나무주걱으로 저어준다. 이때 한쪽 방향으로 젓는다.
6. 5가 걸쭉하게 끓여지면 꿀을 넣어 잠시 더 끓이며 투명해질 때까지 저어준다. 이때 나무주걱으로 떠올려봐서 뚝뚝 떨어지는 정도면 적당하게 끓은 것이다.
7. 끓인 것을 틀에 물을 바르고 부어 식힌다.
8. 식은 오미자 과편을 적당한 크기로 썰거나, 모양 틀로 찍어낸다.

엿강정 만들기

엿강정의 쌀엿강정
만드는 법

준비할 재료 및 분량

- **쌀엿강정의 밥 짓기 재료** 멥쌀 4컵, 물 20컵, 소금물(물 5컵, 소금 1큰술)
- **쌀엿강정 재료** 쌀 튀긴 것 2컵, 시럽 3½큰술, 호박씨 1큰술
- **반죽시럽** 설탕 1½컵, 물 1½컵, 물엿 1½컵

만드는 방법

1___ 멥쌀을 깨끗이 씻어 5시간 이상 불린 후, 분량의 물을 넣고 심이 없을 때까지 끓인다.

2___ 끓기 시작하면서 15분 정도 삶는다.

3___ 2의 쌀을 소쿠리에 건져 맑은 물이 나올 때까지 헹군다.

4___ 마지막 헹굴 때 소금을 풀어 3분 정도 담가 간이 배이도록 한다.

5___ 4의 쌀을 물기를 제거한 후 채반이나 보자기를 깔고 말린다. 이때 가능한 채반에 넓게 펴서 말리며, 밥알이 뭉치지 않도록 덩어리진 것은 풀어가면서 말린다. 통풍이 잘 되는 곳에서 말리는 것이 좋다.

6 ___ 꾸덕꾸덕 마르면 밥알을 떼어 준다.
7 ___ 바짝 마르면 밀대로 밀어 낱낱이 떨어지도록 한다.
8 ___ 바짝 말린 밥알을 200도 고열의 기름에 튀겨내고, 키친타월에 받쳐 기름기를 뺀다.
9 ___ 냄비에 분량의 설탕, 물, 물엿을 넣고 끓여 반죽시럽을 만들고, 튀긴 쌀을 넣어 버무린다.
10 ___ 버무린 것을 강정 틀에 넣고 밀대로 밀어 고르게 편 다음 식으면 알맞은 크기로 자른다.

엿강정 만들기

엿강정의 삼색쌀엿강정
만드는 법

준비할 재료 및 분량

- **초록색강정**   쌀 튀긴 것 2컵, 시럽 3½큰술, 호박씨 1큰술, 쑥가루 1작은술
- **붉은색강정**   쌀 튀긴 것 2컵, 시럽 3½큰술, 대추채 1큰술, 백련초가루 ½큰술
- **노란색강정**   쌀 튀긴 것 2컵, 시럽 2½큰술, 유자청 1큰술, 치자가루 ½작은술
- **반죽시럽**   설탕 1½컵, 물 1½컵, 물엿 1½컵

만드는 방법

1___ 바짝 말린 밥알을 200도 고열의 기름에 튀겨 키친타월에 받쳐 기름기를 뺀다.

2___ 튀겨진 쌀에 천연색가루를 넣고 섞는다.

3___ 냄비에 분량의 설탕, 물, 물엿을 넣고 끓여 반죽시럽을 만들고, 시럽에 튀긴 후 색을 입힌 쌀을 넣어 버무린다.

4___ 버무린 것을 강정 틀에 넣고 밀대로 밀어 고르게 편 다음 식으면 알맞은 크기로 자른다.

엿강정 만들기

엿강정의 깨엿강정
만드는 법

준비할 재료 및 분량

- **참깨강정**   참깨 1컵, 시럽 3½큰술, 대추채 1큰술
- **흑임자강정** 흑임자 1컵, 시럽 3½큰술, 대추채 1큰술
- **반죽시럽**   설탕 1½컵, 물 1½컵, 물엿 1½컵

만드는 방법

1___ 참깨는 찬물에 1시간 이상 불려서 문질러 껍질을 벗겨낸 후 건져 체에 받쳐 물기가 빠지면 마른 팬에서 노릇하게 볶아 넓은 쟁반에 펴서 식힌다.

2___ 흑임자(검정깨)는 여러 번 씻어서 체에 받쳐 물기를 뺀 후 마른 팬에 볶는다. 깨가 탁탁 소리를 내면서 튀고, 손으로 비벼보아 쉽게 부서지면 잘 볶아진 것이다.

3___ 냄비에 시럽의 재료를 분량에 맞춰 넣어 끓인다.

> ⊛ **반죽시럽 끓이기**
>
> 1. 냄비에 설탕과 물을 담고 중불에서 설탕이 녹을 때 까지 젓지 말고 끓인다. 저으면 결정이 생긴다.
> 2. 설탕이 다 녹으면 동량의 물엿을 넣어 1/2 분량이 될 때까지 끓인다.
> 3. 완성된 시럽은 끓는 물에 중탕하여 굳지 않도록 하여 사용한다.

4__ 시럽이 끓으면 깨를 넣어 한 덩어리가 될 때까지 버무린다. 이때 재빨리 버무리는 것이 좋다. 오래 버무리면 뜨거운 엿물에 깨가 타서 갈변될 수 있다.

5__ 엿강정 틀에 비닐을 깔고 기름을 고루 바른 다음 대추채를 고루 깔고, 버무린 깨를 쏟아 붓는다.

6__ 쏟아 놓은 것을 밀대로 0.7cm 정도의 두께로 고르게 민다.

7__ 딱딱하게 굳기 전에 칼로 3 × 3cm의 네모꼴이나 원하는 적당한 크기로 썬다. 너무 많이 굳은 상태에서 썰게 되면 강정이 부서질 수 있으므로 주의한다.

세계의 과자 산책

이름은 후추과자,
그러나 진실은 생강과자
스웨덴의 페파카코르

Pepparkakor

유럽의 북부 스칸디나비아 반도에 위치한 스웨덴은 북구의 낙원이라 불릴 정도로 복지가 잘 되어 있는 복지국가이며 산타의 나라로 유명하다. 북반구에 위치해 있어 겨울이 길고도 추운데 추운 겨울을 이기기 위한 지혜가 담긴 전통음식들이 지금도 이어져 내려오고 있다. 대표적으로 뜨겁게 데워서 먹는 와인인 '글뤼크glögg'가 있다. 와인에 다양한 향이 나는 과일이나 약초를 넣어 졸인 스웨덴 특유의 이 와인은 김이 모락모락 피어오르는데 겨울철 스웨덴 사람들의 손에는 이 글뤼크가 일상음식처럼 쥐어져 있다. 겨울철 추운 몸을 데우고 혈액순환을 돕는 데는 이만한 음식이 없다는 것이 스웨덴 사람들의 말이다.

이 글뤼크와 함께 스웨덴인들이 즐기는 과자가 바로 '페파카코르'이다. 페파카코르는 평상시에도 스웨덴인들이 즐겨먹는 과자이지만 겨울철에 특히 페파카코르를 자주 먹는다. 때문에 크리스마스 시즌이 되면 스웨덴의 제과점에서는 페파카코르가 넘쳐나고 진한 글뤼크 한잔에 페파카코르 몇 개면 스웨덴인들은 더 이상 바랄 것이 없다고 한다.

페파카코르는 영어로 하면 후추과자pepper cookies라는 의미다. 하지만 정작 페파카코르는 후추로 만들어진 과자가 아니라 생강과 계피 등으로 만들어진 과자다. 오래전 후추가 귀했던 시절 생강과 계피로 만들어진 페파카코르의 색이 후추의 갈색과 비슷하다고 하여 페파카코르란 이름이 붙었다. 그러므로 페파카코르의 진짜 정체성은 후추과자가 아닌 생강과자인 것이다.

생강과 계피는 알다시피 몸을 따뜻하게 하는 재료다. 겨울이 유난히 추운 스웨덴 사람들에게 꼭 필요한 재료로 만들어진 과자가 페파카코르인 셈이니 과자와 스웨덴 사람들의 궁합이 매우 좋다고 할 수 있다.

맛과 향이 강한 생강과 계피를 주재료로 하면서도 맛이 부드럽고 매끄러운 특징을 가진 페파카코르는 스웨덴의 크리스마스를 대표하는 과자이기도 하다. 크리스마스에는 단순히 페파카코르를 먹는 것에 머물지 않고 페파카코르를 돼지나 염소 등의 모양으로 만들어 크리스마스 장식으로도 활용한다.

또한 축제나 크리스마스, 연말연시가 되면 스웨덴 사람들은 페파카코르를 이용해 소원을 비는 전통이 있다. 페파카코르를 손바닥 한가운데 놓고 꼭 쥔 다음 집게손가락이나 엄지손가락을 이용해 과자를 눌러 과자가 세 조각이 나면 소원이 이루어진다고 믿는다. 그래서 세 조각이 난 페파카코르는 먹지 않고 잘 보관을 하고 세조각 이상이나 이하로 과자가 조각나면 먹어치운다.

이처럼 페파카코르는 스웨덴 사람들의 삶 속에 깊숙이 자리하고 있어 페파카코르는 단순한 과자라기보다는 스웨덴 사람들을 상징하는 정신과 문화라고 할 수 있게 되었다. 해외에서 향수병을 달래는 방법으로 페파카코르를 먹으며 자신이 강인한 북구인이라는 사실을 기억하는 것도 이런 맥락이다.

사실 생강을 이용한 과자는 다른 나라에도 많다. 스웨덴 뿐 아니라 추운 겨울이 긴 다른 북반구의 나라들에서도 생강으로 만든 쿠키 등의 과자를 오래 전부터 먹어왔고, 영국의 진저넛츠나 미국의 진저스냅 등도 생강을 재료로 만들어진다.

그러나 페파카코르가 다른 생강과자들과 차이점이 있다면 페파카코르를 대하는 스웨덴 인들의 자세와 마음이 아닐까 싶다.

참고로 현재 페파카코르는 다양하게 개발되어 코코아 향이나 오렌지 등의 과일 향이 나는 페파카코르도 있다.

제 7 장

김규흔의 작품들

Hangwa – Works of the Master

일월오봉도

십장생

청마

만찬

연꽃

사람이 재산

초콜릿 한과의 개발

보기 좋은 떡이 먹기도 좋다

한과의 고급화

한가원 이야기

지금까지 한과이야기에 집중을 하고자 한 번도 내가 운영하는 한과 사업에 대해 언급을 한 적이 없지만 이제 밝히자면 내가 창업한 한과업체의 상호는 '신궁'이다. 과거 궁정에서 중요한 음식으로 대접받았던 한과의 위상을 오늘날에 되살리고 싶은 마음에 새로운 궁전이란 뜻이 담긴 '신궁新宮'이라고 이름 붙였다.

너무도 조그맣게 시작한 '신궁'이란 사업체가 지금은 '하늘家'와 '명인 김규흔 한과'라는 나름의 브랜드를 가진 인정받는 업체로 성장하기까지 많은 일들이 있었다. 그중 가장 기억에 남고 한과를 만들면서 가장 행복했던 순간은 2000년도에 우리나라에서 열렸던 아시아-유럽 정상회의인 ASEM의 다과상품 공급업체로 지정되어 각국 정상들이 내가 만든 한과를 먹은 순간이 아닌가 싶다. 그때의 벅찬 기분은 지금도 생생해서 잊을 수가 없다.

사실 다과상품 공급업체로 지정되는 일이 쉽지는 않았다. 정부는 공급업체를 선정하기 위해 먼저 전국 최고의 한과인을 가리는 '전국 한과인대회'를 개최했는데 전국에서 예선을 거쳐 본선 참가자들을 뽑고, 본선 참가자들이 다시 대상을 놓고 치열한 경쟁을 벌이는 방식이었다. 대상을 수상하면 그야말로 정부로부터 전국최고의 한과인이라는 인정을 받는 것이니 한과인이라면 너도나도 욕심을 내어 대회에 참가하고, 열과 성을 다해 임할 수밖에 없었다.

대상도 대상이지만 나로서는 세계정상인들에게 내가 만든 한과를 선보일 수 있다는 생각에 더욱 욕심이 나는 대회였다. 예선에서부터 본선의 경쟁까지 무려 삼개월간 사업과 병행하며 출품작품을 고안하고 한과를 만들어 나갔다. 제대로 잠을 못잔 것은 물론이다.

맛과 멋도 중요했지만 무엇보다 혼을 담아 출품한 한과를 만들어야겠다는 생각을 했다. 한과란 것이 원래 정성의 음식이 아니던가. 먹는 이들을 생각하는 마음의 담김 없이는 좋은 한과가 만들어 질 수 없는 법이다. 각국 정상들이 하는 일이란 것이 얼마나 머리 아프고 피곤한 업무가 많은 고된 자리인가. 그들의 건강을 생각하고 한순간이나마 한과를 먹는 순간 편하게 쉴 수 있는 안정된 마음이 들도록 만들자 결심했다. 동시에 한국 한과의 아름다움을 전하고 그 아름다움을 세계에 전파하고 싶은 내 진실한 소망을 담고자 했다.

마침 여름철이라 한과를 만드는 일이 쉽지 않은 때였다. 작품에 들어갈 한과가 많다보니 시간이 오래 소요되었는데 더위와 습기 탓에 먼저 만든 한과가 혹시나 모양에 변형이 오고 맛의 미세한 손실이라도 발생할까 싶어 냉동 창고에 들어가 추위와 싸우며 한과를 만들었다. 그 여름을 나는 겨울로 산 셈이다.

우여곡절 끝에 대회에 출품할 한과 작품을 다 만들고 작품을 제출

하러 가는 날엔 하필 접촉사고가 일어났다. 차에 실린 작품에 혹시나 손상이 갔을까 노심초사하고 제 시간에 작품을 출품하지 못할까 걱정하다 결국 견인차를 불러 사고 난 차를 견인해 보내고 서둘러 택시를 잡아 타 무사히 출품할 수 있었다.

그리고 결과는 한과부분 최우수상이었다. 덕분에 아시아-유럽 정상회의인 ASEM에 내 한과를 선보이게 되었다.

생각해 보면 그 당시 참 열심히, 꼭 내가 만들 수 있는 마지막 한과처럼 온 힘을 다해 한과를 만들었던 것 같다. 그러나 또 한편으로 생각하면 한과를 만드는 일에 열심히 임하지 않은 적도 없는 것 같은 것이 결국 열심히 하는 것이 내 천성이요, 할 줄 아는 것이 그것밖에 없었던 듯도 하다. 열심히 한과만을 생각한 하루하루가 모여 나의 일생을 이루고 있다는 생각을 하게 된다.

이런 나도 가끔은 쉬고 싶을 때가 찾아온다. 몸을 쉬고 싶다기보다 생각을 정리하고 쉬고 싶은 것이다. 그럴 때 나는 또 한과를 만든다. 매일 만들어 판매하는 한과가 아닌 나를 위한, 또 내가 위하는 사람들을 생각하는 마음이 담긴 한과를 만드는 것이다.

여기에 내가 마지막으로 소개하는 한과들이 그런 한과들이다. 모두 좋은 사람들을 생각하며 복과 건강 등을 기원하는 의미를 담고 있다. 보시는 여러분들에게도 좋은 일만 가득하길 바라는 마음에서 실어 보았다.

| 일월오봉도

일월오봉도

일월오봉도는 해와 달, 신선들이 산다는 전설의 곤륜산을 주제로 그린 그림으로 일월도日月圖, 곤륜도崑崙圖 등으로 불리며 임금이 앉는 용상의 뒤편을 장식하는 배경그림으로도 많이 사용된다. 우리나라 만원 화폐에도 세종대왕 뒤 배경으로 일월오봉도가 들어가 있다. 일월오봉도는 왕권을 상징하는 동시에 백성들의 태평성대를 염원하는 것이다. 해와 달, 다섯 개의 산봉우리, 소나무와 물줄기가 그림에 담겨있으며, 왕과 함께 있어야 비로소 완성되는 그림으로 여겨져 왕이 있는 곳에 그림자처럼 배경으로 존재하다 왕이 죽으면 함께 묻혔다.

나 역시 일월오봉도를 만듦에 있어 그림이 가진 의미를 생각하며 우리나라 국민들의 평안한 삶을 기원하는 마음과 선물 받는 이들이 왕처럼 우뚝 서기를 바라는 기원을 담았다. 우리 땅에서 난 우리 농산물로 만들어진 엿강정을 바탕으로, 자연의 재료로 색을 낸 정과와 매작과로 다섯 개의 산봉우리와 해, 달, 소나무, 물을 표현한 작품이다.

십장생

예로부터 해, 물, 소나무, 학, 거북, 사슴, 불로초에 산, 구름, 달, 돌, 대나무 중 세 개를 합친 10개의 불로장생을 상징하는 물상物象을 십장생十長生이라고 한다. 우리의 선조들은 장수와 자손 번성을 기원하는 마음으로 십장생을 많이 그렸다. 선조들의 마음을 이어받아 나 역시 장수와 자손들의 번성을 염원하는 마음을 담아 흑임자엿강정을 바탕으로 매작과, 다식, 정과 등의 다양한 한과로 십장생을 표현하였다.

| 십장생

청마

    2014년 청마의 해를 맞아 말의 활동성과 스피드, 청색의 진취적이고 곧은 성격을 표현한 작품이다. 거피된 참깨로 만든 참깨엿강정을 바탕에 곱게 펴 청색을 낸 무정과를 세밀하게 오려 붙이고, 얇게 민 흑임자다식을 한 올 한 올 덧붙이는 방법으로 청마를 형상화했다. 여기에 다양한 한과 종류를 한 작품에서 보여주기 위해 약과로는 해를, 매작과로는 풀밭을, 홍삼정과로는 말꼬리를 제작하여 작품에 더했다. 힘차게 달리는 말의 생동감과 입체감, 다양한 풀의 모습 등을 표현하기 위해 매우 섬세한 노력을 기울여 만든 작품이다.

| 청마

만찬

쑥, 송홧가루, 백련초, 흑임자 등으로 자연의 색을 낸 색색의 다식과, 마름모 등 색다른 모양으로 만든 약과, 고명으로 꽃과 나비 등의 모양을 낸 유과, 여러 가지 견과류로 만든 엿강정 등 다양한 한과를 선보인 만찬은 2000년 한국전통식품세계화를 위한 품평회에 출품하여 한과부분에서 최우수상을 수상한 작품이다. 이 상을 계기로 서울에서 열린 '제3차 ASEM(Asia-Europe Meeting / 아시아-유럽정상회의)' 당시 내가 만든 한과가 다과상품 공급업체로 지정되었고, 각국 정상들의 만찬에서 내가 만든 한과가 각국 정상들에게 후식으로 채

만찬 '2000년 한국전통식품세계화를 위한 품평회' 한과부분 최우수상 수상

제7장 김규흔의 작품들

| 연꽃

택되어 한과의 위상을 높임과 동시에 한과를 각국 정상들에게 소개할 수 있었다. 한과의 세계화를 꿈꾸는 내게는 의미 있는 작품으로 우리 농산물만을 사용하여 원재료의 질을 높이고, 맛과 영양을 고려한 고품격 한과로 탄생시켰다. 각국 정상이 즐기는 한과, 각국 정상들에게 바치는 만찬이라는 의미를 담고 있다.

연꽃

작품 연꽃은 2009년 한과작품전을 대표하는 작품으로 한과의 세계화를 염원하는 마음으로 우리 전통식품 한과가 세계의 65억 인구에게 사랑받는 한과로 연꽃처럼 활짝 피어나라는 뜻을 담았다. 연꽃 잎사귀 한잎 한잎을 백련초 등으로 붉게 물들인 매작과로 만들어 정성을 들여 겹겹이 쌓았으며, 활짝 핀 연꽃잎들 속에는 유과, 정과, 약과를 모양과 색을 내어 조그맣게 만들어 넣음으로써 연꽃잎 속의 노란 꽃밥(꽃의 수술의 한 부분)과 연꽃의 씨가 들어 있는 연밥 등을 아름답게 표현하고자 노력하였다. 한과로 연꽃의 아름다움을 제대로 포착해냄과 동시에 한과의 세계화에 대한 열정과 열망이 상징적으로 담긴 작품으로 탄생시켰다고 하여 많은 주목을 받은 작품이다.

2007년 설&추석 대통령께서 의뢰하신 선물용 한과세트

사람이 재산

86 아시안게임, 88 올림픽 그리고 2000년에 서울에서 열린 제3차 아시아-유럽 16개국 정상회의(ASEM), 이 세 가지 국가적 행사가 나에게 주는 의미는 매우 크다. 자랑스럽게도 내가 만든 한과가 공급되어 국가적 행사에 참여할 수 있는 기회를 가지게 되었고, 우리나라 전통과자를 세계인에게 선보이고 알렸다는 자부심을 느낄 수 있었을 뿐 아니라 한과사업에 있어서도 한발 더 나아가는 도약의 기회를 부여해주었기 때문이다.

86 아시안게임에서는 아시안게임협력업체로, 88 올림픽에서는 올림픽선수촌에 한과를 납품할 수 있었다. 그리고 2000 아시아-유럽 16개국 정상회의에서는 다과공급업체로 지정되며 각국 정상들의 만찬에 내가 만든 한과를 선보이게 되었다.

86 아시안게임과 88 올림픽이 끝나고 나서의 일이다. 국제행사에 참여한 덕분인지 그 즈음 내가 만드는 한과의 품질에 대한 믿음과 명성도 어느 정도 쌓이기 시작했고, 미국 등에 수출길도 열려 전체적으로 주문량이 많았다. 앞으로 주문량이 더욱 많아질 것 같은데 월곡동의 공장에서는 소화하기 어렵다는 예상을 할 수 있었다. 나는 더 큰 공장의 필요성을 느꼈고, 고민 끝에 미래를 대비하기 위해서라도 공장을 새로 짓기로 결심했다.

모아둔 돈과 가지고 있던 두 채의 집 중 한 채를 팔아 의정부에 약 70평에 이르는 땅을 샀다. 그리고 나니 사는 집을 제외하곤 수중에 가진 것이 없게 되었다. 공장을 지을 부지는 확보했지만 정작 공장을 지을 돈은 없었던 것이다. 여기저기 돈을 빌리려고도 해봤지만 여의치 않았다.

그때 구세주처럼 한 사람이 나타났다. 오랫동안 나와 밀가루 거래를 해온 거래처 사장이 투자를 제의해 온 것이다. 나이 드신 노인이었는데 엄청난 구두쇠로도 유명한 분이었다.

그런 분이 공장을 짓는 비용의 절반을 자신이 부담하겠다고 하니 놀라울 뿐이었다. 대체 내 무엇을 믿고 투자를 하시려는 것인지 의아했다.

"내가 김사장을 오랫동안 지켜봐왔잖아. 사장이랍시고 폼만 잡지 않고 직원들보다 먼저 나와 그 무거운 밀가루포대를 전부 내리고, 시장에 일일이 뛰어다니며 납품도 직접하고, 성공해서도 꾸준한 모습을 보니 앞으로도 승승장구할 사람 같더라고. 사람은 그렇게 성실하고 변함없어야 큰일을 하는 법이거든."

한 마디로 내 성실성을 믿고 투자를 하겠다는 것이었다. 단, 조건이 있었다. 만약 공장을 지어 생각처럼 사업수익이 나지 않아 잘못되면 공장과 땅을 시세가로 자신이 가져가고, 수익이 나면 그 돈으로 자신이 투자한 금액으로 지은 공장의 절반에 해당하는 부분을 역시 시세가로 쳐서 다시 사가라는 것이었다. 사실 노인에게 손해나는 일은 아니었다. 한과공장이 잘못되면 땅과 공장이 생기고 잘되면 시세가로 투자금액보다 높은 돈을 돌려받을 수 있으니 말이다.

어찌 보면 내게 상당히 불리한 조건일수도 있지만 조건을 떠나서 큰 금액을 일가친척도 아닌 남에게 선뜻 빌려주는 것이 어디 쉬운 일일까. 앞으로의 사업에 자신이 있었던 나는 정말 감사히 투자제의를 받아들였다.

그렇게 지어진 것이 의정부 공장이다. 약 70평의 땅에 지하 1층, 지상 3층으로 지어져 200평에 달하는 건물이 지어졌다. 공장이 완성되기까지의 어려움은 이루 말할 수 없었다. 당시 나는 못 다한 학업에의 갈증을 느껴 늦은 나이에 대학입시를 준비 중이었다. 대학입시 공부를 하며, 기존의 거래처에 한과를 납품하는 것만으로도 힘들었는데 여기에 공사까지 겹치니 촌각을 나눠 살아야만 했다. 그래도 하루도 빠짐없이 매일 아침 7시면 의정부 공사장에 출근해 공사가 시작되는 것을 보았다. 그렇게 현장을 지키다 오후가 되면 월곡동에서 만든 한과를 싣고 중부시장 등에 배달을 하고, 배달이 끝나면 거래처 사람들과 만나 식사나 소주 한잔을 걸치고, 헤어진 후에는 대학입시를 위해 학원으로 향했다.

이런 개인적인 스케줄만으로도 벅찬데 공장을 짓기까지, 또 짓고 나서도 이런저런 문제들이 발생했다. 투자를 받긴 했지만 그것만으로는 공장을 짓는데 돈이 모자라 자금을 확보하느라 이리저리 뛰어다니기도 하고, 공사장인부들이 작업을 중단해 공사기일이 늦어지기도 했다. 무엇보다 준공검사를 받는 일과 허가를 받는 일이 어려웠다. 당연히 준공검사와 허가가 떨어져야 하는데 내가 한과공장을 운영하지 못하게 하려고 음해하는 사람들이 있어 문제가 생기기도 한 것이다.

이 모든 문제를 거쳐 공장이 완성되고 준공검사와 허가문제까지 일단락되어 개업식을 하던 날이 잊히지 않는다. 오후 4시에 개업식을 하기로 했는데 투자를 해준 밀가루사장님은 2시간 전에 도착하여 초조하신지 한쪽에서 계속 줄담배를 피워대며, 개업식에 참여한 손님 수로 사업의 성공을 점치려는 듯 손님수를 세고 계셨다. 아내와 어머님은 감격에 겨워 눈시울을 적시고 말을 잇지 못했다.

그 날의 개업식은 성공적이었다. 지역유지와 그동안 거래했던 거래처 사장님 등 셀 수 없이 많은 분들이 개업을 축하해 주러 오셨다. 그분들의 성원에 힘입어 공장이 가동을 시작했고, 2년 만에 나는 투자에 해당하는 공장건물을 시세대로 쳐서 투자금액을 전부 갚아드릴 수 있었다.

이제 세월이 흘러 당시 투자를 해주셨던 사장님은 은퇴를 하고 그 아들이 사업을 물려받았다. 그리고 나는 여전히 그 아들을 통해 밀가루를 공급받고 있다.

초콜릿 한과의 개발

88 올림픽 때 올림픽선수촌에 한과를 납품하면서 해외에 수출이 시작됐다. 이후 3~4년간 수출량이 꽤 됐다. 88 올림픽 직후에는 내수보다 수출량이 많을 정도였다. 그런데 어느 순간 수출이 거의 안 되다시피 해서 의아한 마음이 들었다. 마침 미국 시카고에서 식품박람회인 FMI 박람회가 열려 다른 나라의 과자들의 동향도 살피고 갑자기 한과 수출이 막힌 이유도 직접 알아볼 겸, 그리고 부스도 설치하여 전시도 하고 오더도 따낼 겸 미국으로 건너갔다.

그러나 박람회의 한과 전시를 통해 알게 된 사실은 너무나 충격적이었다. 그동안 한과를 해외에 수출한다는데 대해 커다란 자부심을 가지고 있었는데 알고 보니 수출된 한과의 구입자는 대부분 조국을

그리워하는 한인들이었던 것이다. 외국인들은 전시된 한과에 전혀 관심을 보이지 않았다. 그 순간만큼은 내가 만든 한과가 얼마나 초라해 보였는지 모른다.

창피했다. 결국 해외에 있는 한국 사람들에게 한과를 판 것인데 그걸 가지고 수출한다고 생각하고 만족해한 것을 생각하면. 내가 얼마나 실상 파악을 하지 못한 채 수출이라는 눈앞의 성과에만 들떠 있었나 돌아보게 되었다. 수출에 자부심을 가질 수 있었던 것은 우리나라 한과가 해외인의 입맛도 사로잡고 있다는 생각에서였는데 그것이 무너져 버린 것이다.

무너졌다고는 하지만 그것이 한과의 우수성에 대한 믿음이 사라졌다는 말은 아니었다. 여전히 한과가 세계인의 입맛을 사로잡을 수 있는 과자라는 생각에는 변함이 없었지만 그러려면 우선 세계인이 한과를 맛볼 수 있는 기회를 가져야하고, 맛보도록 유도할 수 있어야 하는데 그러기 위해서는 전통한과만을 고집할 게 아니라 세계인의 입맛에 맞는 한과의 개발도 함께 이루어져야 한다는 것을 알게 되었다.

미국 시카고에서 식품박람회인 FMI 박람회도 그렇고 당시 여러 식품관련 박람회의 최고 인기 품목은 '초콜릿'이었다. 과자는 물론 여러 식품에서 초콜릿을 활용한 음식이 선풍적인 인기를 끄는 것을 현장에서 목격한 나는 한과에도 초콜릿을 입혀 세계인에게 선보여야겠다는 생각을 하게 됐다. 그리고 귀국하여 바로 초콜릿 한과의 개발에 몰두하게 되었다. 아이들과 젊은이들의 입맛과 세계인의 입맛에도 맞는 초콜릿 유과, 초콜릿 약과는 그렇게 탄생했다.

초콜릿 한과는 예상대로 젊은이들 쪽에서 반응이 좋았다. 또 초콜릿을 입힘으로서 초콜릿의 효능으로 인한 방부효과로 인해 자연스럽게 유통기간이 늘어나는 장점도 있었다. 사람들은 어떻게 한과에 초콜릿을 입혀 판매할 생각을 했냐며 관심을 보이고 호응을 해주었다.

그런데 초콜릿 한과들에 얽힌 사연은 좋은 것만 있는 것은 아니다. 초콜릿 한과를 개발하고 10년쯤이 지난 무렵이었다. 이미 특허등록을 하여 개발이 인정된 초콜릿 한과들에 대해 난데없이 A업체의 특허무효소송이 들어왔다.

소송의 내용은 초콜릿을 묻힌 과자는 전 세계적으로 어디에나 있는데 특별히 한과에 초콜릿을 입힌 것을 특허로 인정할 수 없으므로 특허를 취소해 누구나 초콜릿한과를 만들 권리를 보장해 달라는 대충 그런 내용이었다.

생전 처음 접하게 된 소송소식은 나를 무척이나 힘들게 만들었다. 억울하기도 하고, 잘못한 것도 없으면서 법 앞에 심판을 받아야 한다는 생각에 두려운 마음도 들었다. 알아보니 소송이란 것이 한 번에 끝나는 것도 아니고, 1심, 2심, 3심까지 갈 수 있다니 그 긴 시간동안 낭비할 시간과 마음의 고생이 눈앞에 그려져 이 일을 대체 어찌 처리해야 할까 고심되었다.

처음에는 정말 기가 막혀 잠도 못 잤다. 대체 10년이나 지난 특허에 대고 이제 와서 무효소송이라니 저들이 내가 만든 한과를 따라하고 아이디어를 거저 베끼려는 것 같아 괘씸하기 짝이 없었다. 그러다가 차츰 이런 생각을 하게 됐다. 나름 애써 개발한 것이지만 10년이나 지난 것이니 이쯤에서 특허를 무효화해주어 한과를 만드는 이들이 모두 초콜릿 한과를 만들 수 있는 길을 열어 주는 것은 어떨까. 그

것이 동종업계가 모두 힘을 합쳐 한과의 발전을 위해 나아가는 길이 아닐까. 다른 한과업체와의 공존과 발전을 위해 특허를 무효화한다면 그건 나름대로 의미 있는 일이라는 생각이 들었다.

이러한 판단 하에 결국 나는 초콜릿 한과에 대한 특허를 무효화하였다. 그럼에도 불구하고 이상하게 한 업체와의 마찰은 지속됐다. 내가 무슨 한과를 만들어내기만 하면 저들이 먼저 개발한 것이라고 우겨대는 일이 종종 있었다. 나보다 한과 업에 뛰어든 것이 훨씬 뒤인 업체에서 이런 소릴 해대니 정말 미칠 노릇이었다.

그 답답한 심정을 모두 한과개발에 쏟았다. 한발이 아니라 두세 발 앞서가면 더 이상 말도 안 되는 시비를 걸지도 못하리란 믿음 때문이었다. 녹차, 키토산, 인삼 등의 기능성 한과의 개발은 그 믿음으로 탄생한 한과들이다. 세계시장을 노려 세계인의 입맛을 고려한 한과도 꾸준히 개발했는데 초콜릿한과가 전 세계인에 고루 통용될 수 있는 한과의 개발이었다면 매운맛을 좋아하는 멕시코인 등을 고려한 고추한과 등 좀 더 세분화되어 국가별로 공략하기 위한 한과의 개발도 이루어졌다.

이제와 생각해 보면 그 업체에 고맙다는 말을 전해야 하는 것이 아닌가 싶다. 그쪽에서 나를 괴롭혀준 덕에 더욱 단단해지고, 발전할 수 있었기 때문이다.

보기 좋은 떡이 먹기도 좋다

대한민국에서 처음으로 방울유과를 만들어 판매하고, 한과의 개별포장을 시작한 것이 나이다.

방울크기의 유과는 유과를 먹을 때 손에 지저분하게 고물 등이 묻는 것을 보고, 좀 더 깔끔하게 고상하게 먹을 수 있는 유과는 없을까 고민하던 차에 과거 문헌상에 나와 있는 '방울유과'에서 힌트를 얻어 제품화시킨 것이다. 입에 쏙쏙 들어간다 하여 우리끼리는 일명 '쏙쏙이'라 부르기도 한다. 예상대로 일반적인 유과보다 크기가 작은 방울유과는 지저분한 가루가 떨어지지 않아 만찬 자리 등에 올려놓기에도 좋고, 가지고 다니며 먹기에도 편하다는 호응을 얻었다.

이처럼 실생활을 유심히 관찰하여 불편함 등을 해소하는 등 생활 속 아이디어를 얻는 방법도 있지만, 또 다른 아이디어는 다른 국가들의 문화 등을 많이 접하고 경험하는데서 떠오르는 경우도 많다. 대표적으로 한과의 개별포장이 그것이다.

한과를 개별포장하게 된 아이디어는 일본여행에서 출발했다. 제과 제빵 책을 보던 중에 우연하게 일본에서 '모바크쇼'라고 하는 빵 박람회가 열린다는 것을 알게 됐다. 과자는 아니지만 다양한 빵을 보면 배울 것이 분명히 있겠다 싶어 잡지사에 관람신청을 했다. 한 30명의 인원이 잡지사 사장의 통솔 하에 박람회에 참여하게 됐는데 나를 제외하고는 모두 제빵관련 일을 하는 사람들이었다.

빵을 만들지도 않으면서 빵 관련 박람회에 온 나를 사람들은 이상하게 여겼다. 노골적으로 한과를 만드는 사람이 한과박람회도 아닌데 왜 온 것이냐, 한과로 돈 좀 벌어 여기저기 구경 다니는 것이냐, 아니면 한과가 잘 안돼서 빵으로 전업할 생각이냐를 묻는 이들도 있었다. 이런 말들은 나를 상당하게 불편하게 했다. 타 업종에 대한 배척 같기도 했고, 한과를 무시하는 것 같기도 해서 기분이 나쁜 것도 있었지만 무엇보다 보고 배움에 있어 자신의 업종에만 국한된 그들의 사고와 한계가 답답했다.

사람들이야 어떻든 박람회를 비롯하여 일본에서 보고 배운 것들은 내게 중요한 깨달음을 주었다. 일본의 과자 등을 본 순간 보기 좋은 떡이 먹기도 좋다는 아주 일반적인 이야기가 체험적으로 다가온 것이다. 내가 처음 본 일본의 과자들은 하나같이 속이 보이게끔 개별포장이 되어 있었다. 일본의 화과자들은 아시다시피 매우 화려하고 다양한 모양을 가지고 있다. 그 과자들이 모양을 확인할 수 있게끔 포장되어 있으니 눈이 저절로 가며 먹고 싶지는 않아도 사고 싶어지는 이상한 충동을 가지게 되었다.

그걸 보고 있자니 자연스럽게 우리의 한과가 떠올랐다. 그때까지만 해도 한과는 개별포장이라는 개념이 없어 한 봉지에 무더기로 한과가 넣어지거나 기껏해야 보기 좋은 바구니나 박스 등에 개별포장 없이 넣어져서 팔리고 있었다. 때문에 한과를 한번 개봉하면 먹다 남은 한과들이 모두 공기 중에 노출되고 가지고 다니면서 먹기에 불편함이 있었다. 포장 자체도 그리 고급스럽지 않아 구매욕구를 저하시켰다.

귀국 후 나는 한과의 개별포장을 시도했다. 한과를 낱개로 포장하고, 한과별로 그 포장의 색도 달리하는 등 여러 가지 변화를 꾀하였다. 그것이 벌써 25년 전이니 1990년경에 그렇게 한 것이다.

안타깝게도 당시의 반응은 그리 호의적이지 않았다. 너무 서양과자 같다고 하는 사람들도 있었고, 내부적으로도 개별포장에 드는 비용이 만만치 않아 회의적이었다. 그러나 몇 년 후 내가 만든 브랜드로 백화점 등에 진출하게 되고, 고급한과로 발돋움하게 되는데 개별포장은 큰 역할을 차지하게 된다. 개별 포장된 한과의 고급스런 모습, 위생적인 상태 등이 소비자에게 고급한과의 이미지로 크게 어필한 것이다. 이후 백화점에서는 우리 한과를 기준으로 다른 한과업체에도 모두 개별포장을 요구하기 시작했다.

지금도 나는 한과의 포장과 디자인 등에 많은 신경을 쓴다. 포장에 따라 소비욕구가 늘어날 뿐 아니라 한과의 맛에 대해 느껴지는 정도가 다르기 때문이다. 낱개로 가지고 다녀도 아무 문제가 없다는 장점도 있다. 더불어 개별포장에 사용하는 비닐 등의 재료와 포장 방법에 따라서도 한과의 유통기간에 차이가 나고, 한과가 눅눅해지지 않는 점 등에도 영향을 미치므로 개별포장은 보기 좋게 하는 눈의 즐거움을 더하는 동시에 한과의 질을 보존하는 방법이기에 관심을 두지 않을 수 없다. 김규흔의 한과가 개별포장을 하고 고급종이로 만든 박스 등에 담겨 팔리는 이유다.

일본에서 보고 배운 것으로 한과포장에 혁신을 가져온 경험도 있고 해서 그 후로도 나는 다른 나라를 방문할 때마다 그 나라의 과자를 사 모으는 습관이 있다. 지금까지 50여 개국의 80여 도시를 다니며 모은 과자들이 내 사무실 옆 연구실에 보관되어 있다. 하루에도 몇 번식 그 과자들을 들여다보며 아이디어를 얻고, 한과의 세계화를 꿈꾸기도 한다.

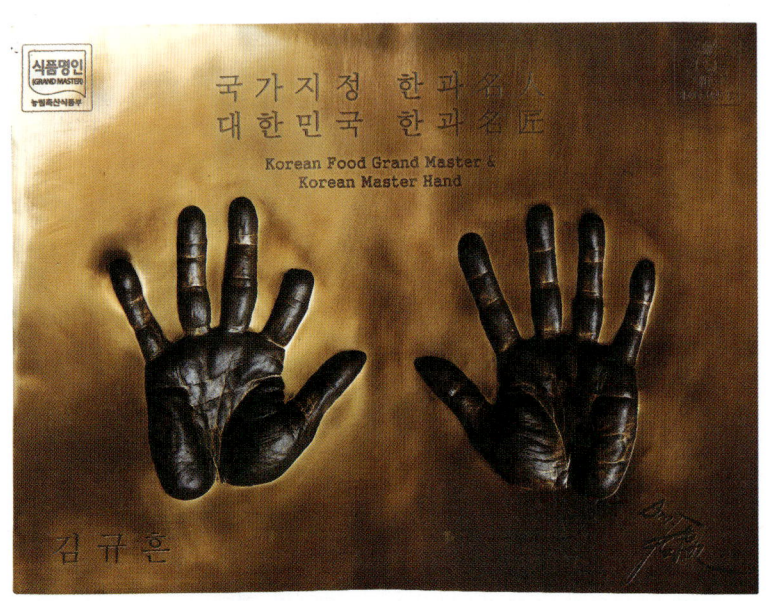

한과의 고급화

월계동의 시장에서 시작하여 중부시장 등 서울의 대형시장의 한과 값을 좌우하던 시절을 지나 지금의 내가 만드는 한과는 백화점 등에서만 판매되고 직접 유통이 되는 고급한과로 변모했다.

고급한과의 길을 가게 된 데에는 여러 이유가 있지만 무엇보다도 더 이상 한과가 대중적이지 않으며, 제수 등의 특목을 노리는 상품으로서의 수요도 점점 줄어들고 있다는데 있었다.

사실 서양과자의 범람 속에 한과는 일반대중들에게서는 멀어진지 오래다. 그나마 1970~1980년대까지만 해도 명절, 제사 등에 한과가 빠지지 않고 오름으로써 명절특수 등으로 한해 매출의 상당부분을 올릴 수 있었지만 그것도 1990년대에 접어들며 급감하기 시작했다. 서구화된 문명 탓인지 더 이상 제사상, 명절 상에도 한과가 오르지 않게 된 것이다. 그 속에서 한과가 살아남고 명맥을 유지하기 위해서는 고급화를 지향하여 맛과 건강 등의 이유로 일부러 찾아먹는 한과를 만들어야 한다고 생각했다.

이런 생각을 하게 된 것은 1980년대 중반쯤이다. 명절과 제수 등으로 팔리는 한과가 줄어드는 반면 당시에는 경제적 부흥기로 선물용 한과가 많이 팔리는 현상이 생겼다. 선물용으로 만든 한과세트가 그전까지는 갈비, 술, 굴비 등에 크게 뒤져 판매 10위~15위권 정도였는데 어느 순간 2~3위로 급부상한 것이다. 그 현상을 지켜보며 앞으로 한과는 점점 고급화되어 시장이 아닌 백화점 등에서 고급선물용으로 많이 팔리겠구나 라는 생각을 하게 됐고 거기에 준비를 해야 살아남을 수 있겠다는 느낌이 왔다.

카탈로그를 만들고 약과, 유과, 엿강정, 다식 등 다양한 한과가 들어가는 상품세트를 구성하여 우리 나라 최고의 백화점 등을 방문하기 시작했다. 그러나 백화점에 입점하는 일은 쉬운 일이 아니었다. 기존에 이미 입점해 있었던 곳도 있었고, 여기저기서 방해공작이 들어왔다. 내가 품질로 승부하고자 백화점 관계자들을 만나 내가 만든 한과를 선보이고 장점들을 아무리 어필해도 이런 말만 돌아왔다.

"듣자니, 김규흔씨가 만든 한과는 시장 통에서 팔리는 싸구려 한과라면서요. 그런 한과는 우리 백화점에서 팔릴 수 없습니다."

아무리 좋은 재료를 쓰고 정성을 다해도 시장에서 한과 만들기를 시작했다는 것이 낙인처럼 따라 다녔다. 시장에서 팔던 한과보다 더욱 좋은 재료를 쓰고, 심혈을 기울여 만들어도 마찬가지였다.

자꾸만 그런 이야기들을 듣자 오기가 생겼다. 언젠가 그들이 내 한과를 인정할 날까지 포기하지 않겠다는 오기. 그리고 기존의 입점해 있는 업체들과는 확실히 다른 제품들을 만들고야 말겠다는 오기.

결과적으로는 백화점 입점이라는 목표가 나의 한과개발을 촉진한 또 다른 이유다. 비교할 수 없는 한과를 만들기 위해 남들이 못 만드는 재료로 한과를 만들고, 제품의 컨셉을 달리하고, 다른 한과 업체보다 저장성을 높여 유통기간을 두 배나 연장하는 등의 부단한 노력이 이어졌다.

그 기간이 짧지 않다. 마침내 백화점에서 스스로 찾아 와 내가 만든 한과를 입점하고 싶다는 제의를 해오기까지 무려 7년이나 걸렸다. 그동안 내가 그 백화점을 방문하느라 닳아 없앤 신발이 수켤레일 것이다. 2000년 서울에서 열린 아시아-유럽 16개국 정상회담인

제3차 ASEM이 열린 직후의 일이었다.

사람들은 7년 동안의 내 노력보다는 제3차 ASEM에 공식 다과상품 공급업체로 선정된 것이 백화점 입점에 큰 영향을 끼쳤다고 말할지도 모른다. 그러나 내 생각은 다르다. 오랜 세월 꾸준히 노력하고 개발하여 만들어진 한과로 '한국전통식품 세계화를 위한 품평회' 한과부문 최우수상을 수상하게 되었고, 그 결과 제3차 ASEM 다과상품 공급업체로 지정되었으니 결국엔 한과를 위한 노력이 백화점 입점까지 이어진 것이라고 생각한다.

백화점 입점을 계기로 나는 더욱 한과의 고급화에 매진하게 되었다. 자체 브랜드 '숭늘家'와 내 이름을 내건 '명인 김규흔 한과' 브랜드 개발이 이루어졌다. 시장에 유통하던 한과 역시 하나 둘 정리하여 모두 정리를 끝낸 후 고급한과에만 매진하게 되었다.

한가원 이야기

1995년에는 또 한 번의 공장 이전이 있었다. 경기도 포천으로 공장을 옮긴 것이다. 그 후 지금까지 포천에서 한과를 만들고 있다. 포천에 공장을 옮기고 나서 좋은 일이 참 많았다. 여러 가지 한과관련 특허를 인정받게 되었고, 각종 품평회 및 대회에서 수상을 했다. 제3차 ASEM 대회에 공급한 한과도 포천에서 만들어졌으며, MBC 성공시대를 비롯하여 여러 방송에 출연하는 기회를 가지기도 했다.

그러나 무엇보다 지금가지 포천공장에서 일어난 일들 중 가장 명예로운 것은 2005년의 '전통한과(유과, 약과) 제조기능 식품명인'으로

| 한과문화박물관 '한가원'

지정된 것과 2013년 '대한민국 한과명장 1호(약과분야)'에 지정된 것이 아닌가 싶다. 이 두 가지 국가지정의 명예는 그동안 걸어온 한과와의 동행이 잘못된 삶이 아니었다는 인정인 동시에 앞으로도 꾸준히 그 길을 걸어가야 한다는 책임을 안겨주는 일이었다.

가장 의미 깊은 일은 따로 있다. 바로 2008년 역시 포천에 한과문화박물관인 '한가원'을 개관한 일이다. 한가원은 많은 분들의 도움으로 탄생했다. 농림부, 경기도, 포천시의 적극적인 협조아래 2005년 포천을 전통한과마을로 키우기 위한 클러스터사업단이 구성되며 나의 오랜 숙원이었던 한과문화박물관 설립 역시 급물살을 타고 2006년에 기공식을 갖고 2년의 공사기간을 거쳐 2008년에 완성된 것이다.

한과문화박물관 한가원은 경기도 포천 산정호수 인근에 자리 잡고 있다. 박물관, 교육관, 예절관 등으로 나누어져 있으며 한과에 대한 과거와 현재, 미래를 파악할 수 있는 다양한 정보와 유물들, 한과의 종류와 역사, 제작과정, 제작도구 등 한과 전반에 대한 내용을 관람할 수 있고, 다양한 한과를 볼 수 있을 뿐 아니라 직접 한과를 만들어 볼 수도 있다.

일반인들과 아이들이 직접 한과를 만들어 보는 체험과 전문적으로 한과를 배우기 위한 과정도 마련되어 있다. 이 과정을 통해 해마다 여러 명의 한과 기능인들이 한가원을 통해 배출되고 있다.

한가원이 박물관 내부에서 이루어지는 활동만 하는 것은 아니다. 국내외를 막론하고 국회에서부터 해외문화원까지 매년 한과를 알리는 자리를 마련하고 있으며, 한과문화페스티벌을 다른 기관들과 연

계하여 개최하고 학교 등과 협력하여 방과 후 또는 산업교육의 장으로 학생들을 가르치고 있기도 하다. 직접 출장을 나가는 출장교육도 하고 있다.

또 한편으로는 포천 지역 농가들과의 계약재배를 통해 지역 농업을 활성화하기 위한 노력도 지속적으로 하고 있는 일이다.

이 모든 한가원의 활동은 궁극적으로 우리 아이들의 입맛을 건강하게 되살리고, 한과의 명맥을 이어가며, 한과를 세계화하고, 포천의 지역경제를 살리면서 포천을 한과의 중심도시로 성장하게 만들기 위함이다. 오래된 그 꿈을 한가원에서 한발 한발 이루어 나가고 있다.

모두가 불가능하다고 생각한 세계 유일의 한과문화박물관 한가원을 개관함으로써 내게는 또 다른 꿈들에 대한 희망이 커졌다. 한과연구소와 한과 마이스터 대학의 설립과 전 세계에 한과 전문샵을 여는 일, 마지막으로 한과의 유네스코문화재 등재가 남겨진 나의 꿈들이다. 어느 것 하나 쉬운 일은 없겠지만 한과인생 34년을 묵묵히 걸어 한과문화박물관을 탄생시켰듯이 앞으로의 세월 또한 한과만을 바라보며 성실하게 임하면 이루어질 꿈들이라 생각한다.

그래서 나는 오늘도 포천의 길을 열심히 오가며 한과문화박물관의 관장으로 또 한과사업체를 운영하는 사람으로, 한과를 만드는 명인·명장으로서의 삶을 치열하게 살고 있다.

한과에 대한 공부 역시 쉬지 않고 있다. 나 자신을 업그레이드 시키는 일이 곧 한과의 발전으로 이어지리라는 믿음을 가지고 있기에 한과에 대한 보다 체계적인 연구개발을 위해 나는 여전히 학업중이다. 그동안 서강대 경영자과정, 고려대학교 식품 CEO과정, 서울대 행정대학원 국가정책과정 등 무려 10개의 대학교·대학원에서 경영수업 등을 했지만 한과의 과학화와 세계화를 위해서는 한과 이외의 요리관련 공부도 해두어야겠다는 생각에 신한대학교 호텔조리학과에 입학했고 2015년 졸업을 앞두고 있다.

앞으로도 나는 한과 발전을 위해 여러가지 공부를 계속할 생각이다. 나의 공부가 한과발전, 한과의 세계화 등에 소중히 쓰이길 기대하면서.

나오며
과자와 한과에 대해
당신에게 던지는 질문

국어사전에서 과자菓子를 찾아보면 이렇게 정의되어 있다.

'**과자**菓子 밀가루나 쌀가루 등에 설탕, 우유 따위를 섞어 굽거나 기름에 튀겨서 만든 음식. 주로 간식間食으로 먹는다.'

과자를 간식으로 먹는다 했으니 이번에는 간식을 찾아본다.

'**간식**間食 끼니와 끼니 사이에 먹는 음식. 비슷한 우리말로는 군음식, 주전부리, 군것질 등이 있다.'

내친김에 군음식, 주전부리, 군것질도 찾아 읽어보면 여기에는 '끼니 이외에 더 먹는 음식', '맛이나 재미, 심심풀이로 먹는 음식'이란 뜻이 담겨 있는 것을 알 수 있다.

정리해보면 과자는 간식이고, 간식은 또 군음식, 주전부리, 군것질이니 결과적으로 과자란 끼니 이외의 이유나 목적, 즉 맛이나 재미, 심심풀이로 먹는 음식이라는 것이다. 이는 과자를 먹는 행위는 생존이 아닌 보다 다른 차원의 일이라는 의미를 내포하고 있다.

나는 이 생존의 차원이 아닌 다른 차원의 일이라는 개념이 아주 마음에 든다. 주관적으로 해석하자면 과자란 단순히 살기 위해 먹는 음식이 아닌, 문화를 즐기고, 건강을 추구하며, 예술적인 동시에 식욕을 넘어선 보다 고차원적인 욕망과 쾌락이 함축된 음식이라고 정의가 가능하기 때문이다. 과자의 일종인 한과를 만드는 장인으로서 자부심이 고취되는 정의가 아닐 수 없다.

그리고 이러한 정의를 따라가다 보면 결과적으로 먹으면 건강해지고, 문화와 예술을 비롯한 인간의 고차원적인 바람이 담긴 과자가 우리가 추구해야 할 과자의 진정한 모습이 아닐까라는 생각이 든다.

그런 과자를 당신은 알고 있는가? 그런 과자를 당신은 먹고 있는가? 나는 이 질문을 세상에 던지기 위해 이 책을 쓴 것일지도 모른다.

이 질문이 중요한 이유는 과자에 대한 새로운 관점을 통해 과자를 선택하는 기준과 즐기는 방법이 변화할 수 있기 때문이다. 과자뿐만이 아니다. 음식에 대한 이러한 사고는 당신의 식생활을 변화시키고 결국 삶을 변화시키게 될 것이다.

먹을거리가 풍부한 시대다. 이제 우리는 단순하게 배를 채우는 용도로, 식욕을 만족시키는 대상으로만 음식을 대하는 시대에서 좀 더 진화된 시대로 넘어서고 있다. 음식이 예술이 되고 문화가 되는 시대로. 이 시대는 우리에게 요청하고 있다. 음식은 약처럼 우리의 건강을 도모해야 하고 나아가 하나의 문화로서 예술로서 삶의 질을 향상시키는 역할을 수행해야 하며, 그 음식을 먹는 이들은 이 변화된 음식의 아이덴티티를 즐기고 향유할 수 있는 안목을 길러야 한다고.

그래서 우리는 생각해 봐야 한다. 짜고 달고 기름진 자극적인 맛

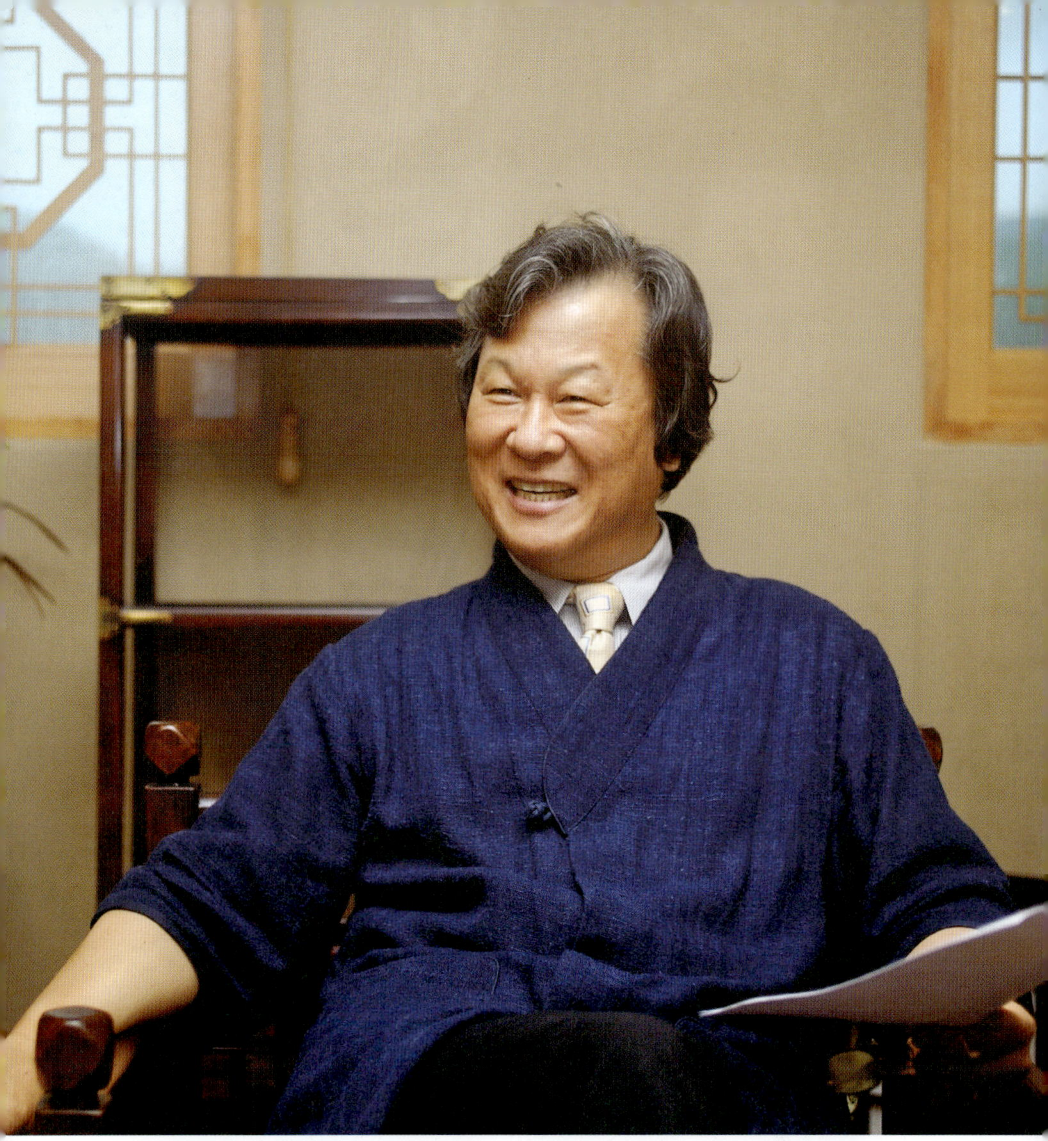

식품명인
(GRAND MASTER)
농림수산식품부
농림수산식품부 지정
대한민국 식품명인 제26호
김 규 흔
지정분야 : 유과, 약과 제조 가공

제566호
대한민국명장
KOREAN MASTER HAND
식품 직종 김규흔
2013. 9. 2.
대통령

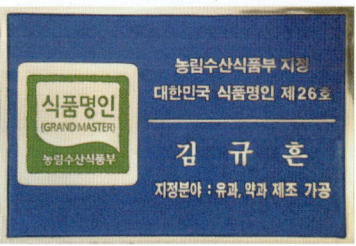

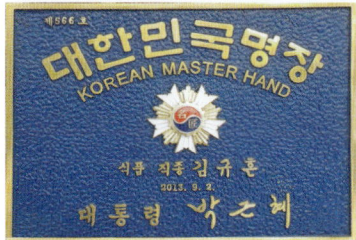

의 중독으로 습관적으로 사서 습관적으로 먹었던 과자에 대해서. 생각 없이 한 봉지를 순식간에 먹어 치웠던 과자에 대해서.

생각했다면 행동이 뒤따라야 한다. 과자의 선택에 있어 과자의 재료와 만들어지는 과정 등 과자의 배경과 과자에 담겨져 있는 만든 이의 철학 등을 고려하는 행동. 먹어야 할 이유가 있고, 소중히 먹을 수밖에 없는, 차 한 잔과 음미하며 먹을 수 있는 과자가 무엇인지 신중하게 판단하여 선택하는 행동.

이런 일련의 과정에 이 책이 도움이 됐길 바라는 마음이 간절하다. 더불어 이미 오래 전부터 건강을 도모했으며, 선조들의 지혜와 자연의 이야기를 담은, 멋과 맛을 동시에 즐겼던 음식과 예술과 문화가 공존하는 과자인 한과에 대해 자부심을 느끼고 생활에서 멀어진 한과를 다시 생활 속으로 끌고 오는 계기가 되었으면 한다.

우리 아이들의 손에 자연스럽게 한과가 다시 쥐어지는 것을 꿈꾸며 이 글을 마친다.

김규흔의 한과와의 동행
김규흔의 수식어는 '최초'

국가지정 한과명인·대한민국 한과명장이자 한과문화박물관 관장인 김규흔을 설명하는 모든 수식어 앞자리는 늘 '최초'라는 말로 시작된다.

1981	–	삼흥제과 설립/신궁병과 설립
1986	–	'86 서울 아시안 게임 협력업체
1988	–	서울올림픽선수촌 한과 납품
1992	–	한국전통식품 제조업체 지정(농식품부)
1994	–	'쌀을 주성분으로 하는 약과 제조 및 방법' 특허출원
1995	–	'김규흔 대표' 신한국인 선정 및 시상(청와대)
1995	–	산업포장 수훈(제 2897호)
1999	–	'저장성 및 식감을 증진시킨 유과 제조방법' 특허출원
2000	–	'한국전통식품 세계화를 위한 품평회' 한과부문 최우수상 수상 – 제3차 ASEM(아시아/유럽 16개국 정상회담) 다과상품 공급업체 지정

2001	– MBC 성공시대 방영 – 신지식 농업인 선정 – 2001 전국관광기념품 공모전 '한늘家 초코 유과' 입선
2003	– 석탑산업훈장 수훈(제 2180호) – '조직경화가 지연되는 약과의 제조방법' 특허출원
2004	– '전통식품 세계화를 위한 품평회' 금상수상
2005	– '전통한과(유과, 약과) 제조기능 식품명인' 지정(농림수산식품부 수상)
2006	– '명인 김규흔 한과' 브랜드 개발
2007	– 설·추석 대통령 선물세트 납품
2008	– 한과문화박물관 한가원 개관
2009	– MBC 희망특강 '파랑새' 방영 – '2009 농식품파워브랜드대전' 동상수상
2011	– EBS 직업의 세계 '일인자' 방영
2013	– 고용노동부 지정 '대한민국 한과명장 1호 (약과분야)' 지정
2014	– 고용노동부 산업현장교수 지정 – '녹차를 함유한 전통한과 및 그 제조방법' 특허등록 – '홍삼을 함유한 전통한과 및 그 제조방법' 특허등록

이외에도 김규흔 명인은 초코유과 개발, 한과 제조 자동화 시스템 개발, 한과 낱개포장 개발, 천연성분 개발로 최초 유통기한 연장, 키토산/인삼/녹차 등을 이용한 기능성 유과 개발 등을 최초로 하여 한과의 발전에 앞장섰다.

참고도서

- 누구나 쉽게 만들 수 있는 고품격 한과와 음청류 (정재홍 외 저, 형설출판사)
- 동아시아 속의 고대한국 식생활사 연구 (이성우 저, 향문사)
- 두산백과
- 뜻도 모르고 자주 쓰는 우리말 어원 500가지 (이재운, 박숙희, 유동숙 저, 예담)
- 빵과 과자 (김정원 저, 김영사)
- 쉽게 맛있게 아름답게 만드는 한과 (한복려, 정길자, 한복진 공저, 사단법인 궁중음식연구원)
- 우리 한과·떡·음료 (서울문화사 편집부 저, 서울문화사)
- 우리가 정말 알아야 할 우리 음식 백가지 1 (황혜성 저, 현암사)
- 우리가 정말 알아야 할 우리 음식 백가지 2 (한복진 저, 현암사)
- 우리나라 식생활 문화의 역사 (윤재석 외 저, 신광출판사)
- 이조궁정요리통고 (한희순 외 저, 학총사)
- 전통한과 (최순자 저, 한국외식정보)
- 조선왕조궁중연회음식의 분석적 연구 (이효지 저, 수학사)
- 쪽빛마을 한과 (윤숙자 저, 질시루)
- 착한 마카롱 (김민정 저, 청출판)
- 파리지앵 마카롱 (구성희 저, 팜파스)
- 한국민족문화대백과
- 한국의 농기구 (박호석 외 저, 어문각)
- 한국의 떡과 과줄 (강인희 저, 대한교과서)
- 한국의 음식생활문화사 (김상보 저, 광문각)
- 한국인의 소울 푸드 (윤숙자 저, 한림출판사)